Το Μυστήριο της Βασιλείας του Θεού

Βιβλίο Πρώτο

Κόππα Βασιλική - Εσθήρ

Copyright © 2017 Author: Koppa Vasiliki – Esthir

Αυτοεκδότης και Συγγραφέας: Κόππα Βασιλική - Εσθήρ
Επιμέλεια βιβλίου - κειμένου: Κόππα Βασιλική – Εσθήρ
Επιμέλεια κειμένου - Διορθώσεις: Ιωάννης Κρούτσης

All rights reserved. / Όλα τα δικαιώματα είναι κατοχυρωμένα.
Απαγορεύεται η αντιγραφή με οποιοδήποτε μορφή ή μέθοδο του συνόλου ή μέρους του βιβλίου αυτού, χωρίς την γραπτή άδεια του εκδότη και συγγραφέα.

ISBN (SET): 978-618-83474-2-7
ISBN: 978-618-83474-3-4

Αφιέρωση

Αφιερώνω αυτό το βιβλίο σε όλους όσους τους αρέσει η αλήθεια και ψάχνουν να την βρουν. Καθώς και στην οικογένειά μου και σε όλους τους φίλους μας και τους συγγενείς μας. Επίσης σε όλους όσους έχω γνωρίσει ή είχα φιλία, από μικρό παιδί μέχρι τώρα, σε διάφορες χρονικές περιόδους της ζωής μου. Και φυσικά σε όλους αυτούς που αφιέρωσαν τον χρόνο τους και κοπίασαν για να με εκπαιδεύσουν, σε όλα τα επίπεδα εκπαίδευσης.

Περιεχόμενα

***	Θερμές ευχαριστίες	7
***	Πριν συνεχίσετε...	9
***	Εισαγωγή	13
***	Πρόλογος	17
Κεφ.1	Παλιό και καινούργιο	21
Κεφ.2	Πονηρό ή ευθύ;	29
Πίνακας	Δέκα από τις παραβολές	35
Κεφ.3	Η παραβολή των δύο γιών	37
Κεφ.4	Δύο είδη δέντρων	41
Κεφ.5	Η παραβολή των ζιζανίων	49
Κεφ.6	Η παραβολή με το δίχτυ	53
Κεφ.7	Μέσα στο ίδιο κήρυγμα	61
Κεφ.8	Οι δέκα παρθένες	67
Κεφ.9	Φρόνιμες και Μωρές	75
Πίνακας	Ο φρόνιμος και ο άφρονας	83
Κεφ.10	Η παραβολή των ταλάντων	87
Κεφ.11	Πρόβατα και ερίφια	97
Κεφ.12	Ο καλός Σαμαρείτης	105
***	Επίλογος	111
***	Σχετικά για τον συγγραφέα	115
***	Επικοινωνία	119

Θερμές ευχαριστίες

Θα ήθελα να πω ένα πολύ μεγάλο ευχαριστώ, πρώτα από όλα στον Θεό, που με αξίωσε να γράψω αυτό το βιβλίο και επίσης σε όλους αυτούς που με βοήθησαν, με τον έναν ή τον άλλο τρόπο, να το ολοκληρώσω και να κάνω την έκδοση.

Τον σύζυγο μου Ιωάννη Κούτση, που με βοήθησε με την επιμέλεια του κειμένου/διορθώσεις, καθώς και σε πάρα πολλά θέματα, που αφορούσαν την έκδοση.

Την φίλη μου Violeta Spasenovska που με βοήθησε στο αρχικό στάδιο του εξώφυλλου του βιβλίου.

Επίσης και την φίλη μου Αναστασία Θεοχάρη, που με βοήθησε πάρα πολύ, σε πολλά θέματα, καθώς και με την δημιουργία και επιμέλεια των εξωφύλλων του βιβλίου και του eBook.

Πριν συνεχίσετε...

Βάλε τον Θεό, για οδηγό κι όχι απλά για συνοδηγό στο αμάξι της ζωής σου. Καπετάνιο, μέσα στο καράβι της καρδιάς σου... Ξεναγό, μέσα σ' αυτή τη ζούγκλα που ζούμε... Άφησέ Τον να σε οδηγήσει και μη φοβάσαι, εμπιστεύσου Τον.

Γνωρίζει Αυτός που σε δημιούργησε, τι είναι το καλύτερο για σένα, τι είναι αυτό που θα σε κάνει ευτυχισμένο και ασφαλή, μέσα σε αυτή την ζωή. Ξέρει Αυτός τον δρόμο, ξέρει τις κακοτοπιές.

Όπως για πρώτη φορά, που γνωρίζεις κάποιον, δεν σημαίνει ότι τον ξέρεις και καλά. Μπορεί να τον βλέπεις συχνά και να τον χαιρετάς καθημερινά, αλλά είναι κάτι εντελώς διαφορετικό, να τον προσκαλέσεις στο δικό σου σπίτι για καφέ ή για ένα γεύμα.

Γιατί μόνο όταν κάνεις το βήμα αυτό, θα μπορέσεις να έχεις πιο στενή επικοινωνία μαζί του, γνωρίζοντας τον καλύτερα και ποιο προσωπικά.

Λοιπόν, το ίδιο ακριβώς συμβαίνει και με την σχέση μας, με τον Θεό. Ο Ιησούς Χριστός είπε τότε και συνεχίζει να λέει και σήμερα στον καθένα από εμάς, γιατί τα λόγια Του, είναι αιώνια και είναι για όλες τις γενεές: «Πρόσεξε, στέκομαι στη θύρα (στην πόρτα) και κρούω (χτυπώ) αν κάποιος ακούσει τη φωνή Μου, και ανοίξει τη θύρα, θα μπω μέσα σ' αυτόν και θα δειπνήσω μαζί του κι αυτός μαζί Μου» (Αποκάλυψη του Ιωάννη 3:20)

Ο Θεός είναι Κύριος, είναι από αυτούς που χτυπάνε πάντα το κουδούνι... Αφήνει σε μας, να κάνουμε το βήμα, αν θέλουμε και να Του ανοίξουμε την πόρτα.

Δεν είναι από αυτούς, που μπουκάρουν στα σπίτια των άλλων, πιέζοντάς τους να κάνουν πράγματα που ίσως δεν θέλουν... Ο Ιησούς είπε και συνεχίζει να λέει: «Όποιος θέλει νάρθει πίσω από Μένα... ας Με ακολουθεί» (κατά Μάρκον ευαγγέλιο 8:34)

Ο Ιησούς Χριστός στέκεται μπροστά στην πόρτα της καρδιάς μας, της ζωής μας ολόκληρης, αυτή τη στιγμή και μας ζητάει να κάνουμε ένα βήμα προς Αυτόν και να Τον προσκαλέσουμε να έρθει μέσα στην ζωή μας, ανοίγοντας Του αυτήν την πόρτα. Για να μπορέσουμε να Τον γνωρίσουμε πιο προσωπικά και να δειπνήσουμε μαζί Του και Αυτός μαζί μας.

Έτσι ώστε η σχέση μας μαζί Του να γίνει μια σχέση συνεχούς γνωριμίας και ανακάλυψης του Αγίου προσώπου Του, της αγάπης Του, του χαρακτήρα και της προσωπικότητάς Του...

Άφησε το Θεό λοιπόν, να μπει μέσα σε όλα τα δωμάτια της καρδιάς σου, του σπιτιού σου, της ζωής σου... Είναι έξω, σου χτυπά την πόρτα... Άνοιξε Του, και προσκάλεσε Τον να έρθει μέσα. Θα γευτείς την αγάπη Του για σένα, θα γευτείς τον ουρανό.

Ο Θεός πάντα μας ακούει και πάντα απαντάει στις προσευχές μας. Εκζήτησε Τον λοιπόν, με όλη την καρδιά σου και θα Τον βρεις. Θα έρθει να σε συναντήσει, όταν Τον προσκαλέσεις στην ζωή σου, γιατί δεν δοκιμάζεις λοιπόν; Μην περιμένεις να γίνεις τέλειος, για να πάς σε Αυτόν, πήγαινε όπως είσαι και Αυτός να ξέρεις, θα κάνει τα πάντα για να σου αλλάξει την ζωή, προς το καλύτερο. Ζήτησε Τον και θα Τον βρεις...

Εισαγωγή

Αυτό το πρώτο βιβλίο, όπως και τα επόμενα δύο, που πρόκειται να εκδοθούν, είναι μια μελέτη που μου πήρε πολλά χρόνια (ξεκίνησα το 1999) και αφιέρωσα πάρα πολλές ώρες μελέτης και έρευνας, για να μπορέσω να την ολοκληρώσω και να την συγγράψω, όπως και για να κάνω την επιμέλεια του κειμένου.

Το βιβλίο αυτό συγκεκριμένα, περιέχει εκτός όλων των άλλων και την ερμηνεία και ανάλυση, μερικών από τις παραβολές που είπε ο Ιησούς Χριστός. Γιατί όλα αυτά που Αυτός μίλησε και δίδαξε, τα είπε με παραβολές προς τα πλήθη και χωρίς παραβολή δεν τους μιλούσε για να εκπληρωθεί αυτό που ειπώθηκε από τον προφήτη, λέγοντας:

«Με παραβολές θα ανοίξω το στόμα Μου και θα εξαγγείλω πράγματα, (λόγια) που είναι κρυμμένα από καταβολής του κόσμου» (κατά Ματθαίο 13:34-35)

Επίσης, ότι είναι γραμμένο μέσα σε αυτό το βιβλίο, στηρίζεται αποκλειστικά και μόνο μέσα στην Αγία Γραφή. Παραθέτω το που βρίσκεται ακριβώς, το κάθε ένα από τα εδάφια τα οποία αναφέρω, έτσι μπορείτε αν θέλετε, απλά παίρνοντας μία Αγία Γραφή ή μέσα από την δωρεάν εφαρμογή της, για τα κινητά τηλέφωνα ή γενικά τις συσκευές σας, να τα βρείτε και να τα διαβάσετε και εσείς, όλα με ευκολία.

Πολλοί στις μέρες μας ονομάζονται Χριστιανοί, αν και δεν έχουν διαβάσει, ούτε μια φορά την Αγία Γραφή, που είναι τα λόγια Του Θεού, προς εμάς.

Πώς κάποιος μπορεί να λέει ότι πιστεύει στον Θεό, χωρίς να έχει ποτέ κάτσει να Τον ακούσει; Να ακούσει τον Λόγο Του; Χωρίς να έχει κάτσει ποτέ να διαβάσει, τα λόγια τα δικά Του;

Πώς θα πιστέψεις κάποιον; Αν ποτέ δεν έχεις αφιερώσει από τον χρόνο σου, για να τον γνωρίσεις; Να δεις τι πιστεύει, τι λέει, τι γράφει, ποιος είναι, τι κάνει; Πώς θα τον εμπιστευθείς; Λοιπόν το ίδιο ισχύει και με τον Θεό...

Τα λόγια του Θεού, η Αγία Γραφή, αποτελείται από την Παλαιά Διαθήκη, που περιέχει 39 βιβλία και την Καινή Διαθήκη, που περιέχει 27 βιβλία. Όλα τα βιβλία αυτά είναι θεόπνευστα και ωφέλιμα, για διδασκαλία, έλεγχο, επανόρθωση, διαπαιδαγώγηση, για να είναι και να γίνει, ο άνθρωπος που πιστεύει στον Θεό, τέλειος, ετοιμασμένος για κάθε έργο αγαθό.

Είναι «τα Ιερά Γράμματα», αυτά που μπορούν να μας σοφίσουν σε σωτηρία, από το κάθε πρόβλημά μας. (Β Τιμοθέου επιστολή 3:15-17)

Ο Λόγος τού Θεού είναι ζωντανός και ενεργός και κοφτερότερος περισσότερο από κάθε δίκοπη μάχαιρα και εισχωρεί βαθιά μέσα μας, καθώς τον διαβάζουμε ή τον ακούμε, φέρνοντας διαίρεση και της ψυχής και του πνεύματος μας και διερευνάει τούς συλλογισμούς και τις έννοιες της καρδιάς μας και κανένας άνθρωπος, δεν μπορεί να κρυφθεί μπροστά του. (προς Εβραίους επιστολή 4:12-13)

Ο Λόγος του Θεού επίσης, μένει στον αιώνα και είναι πνεύμα και ζωή και είναι τα λόγια του Θεού για όλους εμάς, σήμερα. Ο Κύριος μας ο Ιησούς Χριστός είπε: «Και όσα λέω προς εσάς, τα λέω προς όλους» Τα λέω προς όλους τους ανθρώπους, σε όλους τους αιώνες, σε όλες τις γενεές, σε όλα τα έθνη, σε όλες τις φυλές, σε όλες τις εποχές. (κατά Μάρκο ευαγγέλιο 13:37, Ησαΐας 40:8, κατά Ιωάννη ευαγγέλιο 6:63)

Οπότε η Αγία Γραφή, τα Ιερά Γράμματα, δεν είναι ένα απλό βιβλίο ή μία εφημερίδα ή περιοδικό, που θα τα ξεφυλλίσουμε και θα τα διαβάσουμε, έτσι απλά. Είναι ένα υπερφυσικό θεόπνευστο βιβλίο, σε σχέση με τον φυσικό άνθρωπο, που είμαστε εμείς.

Για να μπορέσουμε να την καταλάβουμε, θα πρέπει να ζητήσουμε από τον Θεό, να μας την φανερώσει, να μας δώσει αποκάλυψη. Τον Λόγο του Θεού μόνο με την δική Του φώτιση μπορούμε να τον καταλάβουμε.

Χρειάζεται λοιπόν να ζητάμε από τον Θεό, στην προσευχή μας καθημερινά, (όπως γράφει ο απόστολος Παύλος ότι ο ίδιος έκανε), να μας δώσει πνεύμα σοφίας και αποκάλυψης, σε επίγνωσή δικής Του, ώστε να φωτιστούν τα μάτια του νου μας, στο να γνωρίσουμε: Ποια είναι η ελπίδα της πρόσκλησής Του.

Ποιος ο πλούτος της δόξας της κληρονομιάς Του. Ποιο είναι το υπερβολικό μέγεθος της δύναμής Του σε όλους εμάς που πιστεύουμε. (προς Εφεσίους 1:17-19)

●≈≈≈≈≈≈≈≈≈≈≈≈≈≈≈≈≈≈≈≈≈≈≈≈●

Πρόλογος

Αυτό που αναφέρει ο απόστολος Παύλος, όσον αφορά τον εαυτό του, είναι ότι σε εκείνους τους καθορισμένους - από τον ίδιο τον Ύψιστο Θεό - καιρούς, κατόπιν επιταγής, δηλαδή εντολής, διαταγής, που έλαβε απο τον ίδιο τον Θεό, να κηρύξει όλα όσα Αυτός του εμπιστεύθηκε και του έδωσε αποκάλυψη μέσα από τον Άγιο Λόγο Του, υπάκουσε και το έκανε.

Για να μπορούν όλοι ανεξαιρέτως, ακόμα και εμείς σήμερα, να έχουμε και να διαβάζουμε το κήρυγμα του, στις επιστολές του.

Υπήρχε κάποιο μυστήριο που ήταν κρυμμένο, ήταν σφραγισμένο, για ολόκληρους αιώνες και γενεές, εκείνη την στιγμή όμως που αναφέρει ο απόστολος Παύλος, φανερώθηκε στους αγίους Του, γιατί τους έδωσε ο Θεός αποκάλυψη. (επιστολές: προς Τίτο 1:1-3, προς Κολοσσαείς 1:26)

Ο προφήτης Δανιήλ αναφέρει μέσα στο βιβλίο του ότι, προσπαθούσε να καταλάβει, τα προφητικά λόγια που του έδωσε ο Θεός, όμως, τα λόγια αυτά ήταν «κλεισμένα και σφραγισμένα, μέχρι τον έσχατο καιρό»

Υπάρχουν κομμάτια (εδάφια) λοιπόν μέσα σε όλη την Αγία Γραφή, προφητικά λόγια του Θεού, που είναι κλεισμένα και σφραγισμένα, από τον ίδιο τον Θεό, μέχρι τις έσχατες ημέρες. Κομμάτια που ο Θεός πρόκειται να αποκαλύψει στους δούλους Του, στο μέλλον, στον έσχατο καιρό... (Δανιήλ 12:9)

Αλλού διαβάζουμε, για τους προφήτες: «για την οποία σωτηρία αναζήτησαν με επιμέλεια και ερεύνησαν οι προφήτες που προφήτευσαν για τη χάρη, που επρόκειτο να έρθει σε σας ερευνώντας, σε ποια περίσταση και σε ποιον καιρό φανέρωνε το Πνεύμα τού Χριστού που ήταν μέσα τους, όταν από πριν έδινε μαρτυρία για τα παθήματα του Χριστού και τις δόξες ύστερα από αυτά.

Στους οποίους αποκαλύφθηκε ότι, όχι για τον εαυτό τους, αλλά για μας υπηρετούσαν αυτά» (Α Πέτρου επιστολή 1:10-12)

Προφήτευαν για την χάρη του Θεού, προφήτευαν για τον Ιησού Χριστό, για την σταυρική Του θυσία. Όμως τους αποκαλύφθηκε από τον Θεό, ότι δεν ήταν για τον εαυτό τους, όλα αυτά. Δεν ήταν για την εποχή εκείνη που ζούσαν, όλα αυτά που προφήτευαν. Αλλά ήταν για κάποια άλλη εποχή, για κάποιους άλλους, στο μέλλον... Ήταν για όλους εμάς, σήμερα...

Γιατί ο Θεός ο Παντοκράτορας, σε συγκεκριμένες χρονικές περιόδους που Αυτός μόνο έχει επιλέξει, αποκαλύπτει τα Λόγια Του, διαμέσου του κηρύγματος, που εμπιστεύεται στους δικούς Του απεσταλμένους.

Και ο Θεός συνεχίζει και σήμερα, να αποστέλλει τους δικούς Του απεσταλμένους στην γη είτε άντρες, είτε γυναίκες. Το κάνει σε κάθε γενεά ανθρώπων άλλωστε, δεν σταμάτησε ποτέ να το κάνει.

Αλλά εξαρτάται από την κάθε γενεά ανθρώπων, αν έχει αυτιά για να ακούσει και μάτια για να μπορεί να δει και καρδιά που να εννοήσει και να καταλάβει, το τι λέει και το τι θέλει ο Θεός. Πάντοτε όμως υπάρχει σε κάθε γενεά ανθρώπων, ένα υπόλοιπο που έχει αφιερώσει πραγματικά την ζωή του στον Θεό και Τον ακολουθεί και θα εννοήσει τα πάντα. Γιατί αυτός που ψάχνει, βρίσκει. Επειδή όλοι αυτοί που ζητούν τον Θεό θα καταλάβουν τα πάντα. Αυτοί που ψάχνουν για την αλήθεια, θα την βρουν. (Παροιμίες 28:5)

Κεφάλαιο 1: Παλιό και καινούργιο

Στο κατά Λουκά ευαγγέλιο, διαβάζουμε ότι, έλεγε μια παραβολή ο Ιησούς Χριστός, σε όλους αυτούς που Τον άκουγαν και την λέει και σε όλους εμάς σήμερα. Δεν αναφέρει την λέξη «είπε», αλλά την λέξη «έλεγε», γιατί δεν τους την είπε μόνο μία φορά, αλλά τους την έλεγε ξανά και ξανά.

«Ότι κανένας δεν βάζει μπάλωμα από καινούργιο ιμάτιο επάνω σε παλιό ιμάτιο· ειδεμή, σχίζει και το καινούργιο και το μπάλωμα, αυτό από το καινούργιο, δεν συμφωνεί με το παλιό. Και κανένας δεν βάζει νέο κρασί σε παλιά ασκιά· ειδεμή, το νέο κρασί θα σχίσει τα ασκιά, κι αυτό θα χυθεί, και τα ασκιά θα φθαρούν. Αλλά το νέο κρασί πρέπει να μπαίνει μέσα σε καινούργια ασκιά και τότε και τα δύο διατηρούνται. Και κανένας, αφού πιει το παλιό, θέλει αμέσως νέο επειδή, λέει: Το παλιό κρασί είναι καλύτερο». (κατά Λουκά ευαγγέλιο 5:36-39)

Κανένας δεν βάζει σε ένα παλιό φθαρμένο ρούχο, μπάλωμα από ένα καινούργιο ύφασμα, γιατί το καινούργιο, δεν θα συμφωνεί με το παλιό, είναι τόσο *πολύ διαφορετικό το ένα από το άλλο, δεν ταιριάζουν. Θα ανοίξει το μπάλωμα της ένωσης των δύο υφασμάτων, και θα σκιστεί.*

Ούτε νέο κρασί μπορούμε να το βάλουμε σε παλιά ασκιά. Το νέο κρασί πρέπει να μπαίνει πάντα μέσα σε καινούργια ασκιά, που να μπορούν να αντέχουν την όλη διαδικασία της αλκοολικής ζύμωσης. Δηλαδή της μετατροπής του χυμού του σταφυλιού, σε κρασί, καθώς μέσα σε όλη αυτή την διαδικασία, αυξάνεται η θερμοκρασία.

Τότε μονάχα και τα δύο θα διατηρούνται, αλλιώς θα σχιστούν τα ασκιά και το νέο κρασί θα χυθεί έξω.

Δεν μπορείς να λάβεις επίγνωση του Λόγου του Θεού, δεν μπορείς να αποκτήσεις αποκάλυψη του μυστηρίου της βασιλείας του Θεού, όταν είσαι παλιό ασκί, παλιό ιμάτιο. Όταν έχεις πέτρινη καρδιά, που ακολουθεί την αμαρτία και ακολουθεί το τι αυτή θέλει να κάνει και φαντάζεται καλύτερο.

Σε μερικούς αρέσει το «παλιό κρασί», το «παλιό ιμάτιο» της αμαρτίας και δεν θέλουν να αλλάξουν, λένε ότι: «Το παλιό κρασί είναι καλύτερο» Χωρίς όμως ποτέ να έχουν δοκιμάσει το νέο, το καινούργιο κρασί, για να μπορούν να έχουν μια αντικειμενική άποψη, ώστε να γνωρίζουν, το τι είναι αυτό που απορρίπτουν.

Ο κάθε άνθρωπος είναι ελεύθερος, έτσι τον έφτιαξε ο Θεός και μπορεί να επιλέξει μέσα στην ζωή του, αυτό που επιθυμεί. Όμως, όπως έγραψε και ο απόστολος Παύλος στην επιστολή του: «όλα είναι στην εξουσία μου, να τα κάνω, αλλά όλα δεν με συμφέρουν να τα κάνω» (Α Κορινθίους 10:23)

Τα πάντα όλα είναι στην εξουσία μας, οτιδήποτε θέλουμε μπορούμε να το κάνουμε, όμως τα πάντα δεν συμφέρει να τα πράξουμε, γιατί σε κάθε σπορά που θα κάνουμε, θα υπάρχει και θερισμός.

Καθώς ότι πράττουμε ή λέμε, είναι σπορά, είτε καλή, είτε κακή και θα φέρνει τον ανάλογο θερισμό, μέσα στην ζωή μας, είτε μας αρέσει αυτός, είτε όχι. Γιατί όσον καιρό η γη μένει, θα υπάρχει σπορά και θερισμός, αυτό είπε ο Θεός. (Γένεση 8:22)

Κακομεταχειρίζεσαι, σκοτώνεις, βιάζεις, χτυπάς τους άλλους, το ίδιο θα βιώνεις μέσα στην οικογένεια σου. Κρίνεις, δυσφημείς, κουτσομπολεύεις, προδίδεις τους άλλους, κλέβεις, εξαπατάς τους συνανθρώπους σου; Το ίδιο θα θερίζεις εσύ και τα παιδιά σου.

Όταν σέβεσαι τον κόπο του άλλου ή την ιδιοκτησία του, υλική ή πνευματική και οι άλλοι θα σέβονται τον κόπο τον δικό σου και θα σε πληρώνουν για την δουλειά σου, θα σέβονται αυτό που σου ανήκει.

Όταν σπέρνεις στην γη ένα σπόρο μήλου, αυτό θα γίνει δέντρο και θα φέρει πάρα πολλά μήλα κάθε χρόνο. Για αυτό λοιπόν θα πρέπει να αναρωτηθούμε, το τι είναι αυτό που σπέρνουμε καθημερινά στην ζωή μας (τι πράξεις κάνουμε) και αν μας συμφέρει, να το θερίζουμε κάθε χρόνο, εμείς και τα παιδιά μας. (περισσότερα θα αναλύσω στα επόμενα βιβλία, όπως και το πώς μπορεί να σταματήσει ένας κακός θερισμός, από την ζωή μας)

Οι εντολές του Θεού, μας έχουν δοθεί για να μας προστατεύσουν, από λάθος θερισμούς μέσα στην ζωή μας και όχι για να μας περιορίσουν. Αυτοί που επιλέγουν να κάνουν τα δικά τους και όχι αυτό που θέλει ο Θεός, ας μην περιμένουν, να καταλάβουν το απόρρητο Του.

Δεν μπορείς να έχεις τον Θεό στο περιθώριο της ζωής σου και να Τον θυμάσαι μόνο όταν τον έχεις ανάγκη, όταν θέλεις κάτι να Του ζητήσεις ή κάθε Πάσχα και κάθε Χριστούγεννα ή σε κάθε κηδεία.

Και να περιμένεις να καταλάβεις αυτά, που είναι για

Αυτόν απόρρητα και να θέλεις να έχεις αποκάλυψη, σε αυτά που ο Θεός τα αποκαλύπτει μόνο σε εκείνους που Τον φοβούνται και Τον ακολουθούν και κάνουν το δικό Του θέλημα. Σ' αυτούς μονάχα είναι που φανερώνει τη διαθήκη Του. (Ψαλμός 25:14)

Ή λοιπόν θα βάλεις τον Θεό οδηγό μέσα στην ζωή σου ή θα έχεις τον εαυτό σου για οδηγό. Και τα δύο μαζί δεν γίνονται. Δεν μπορείς να βάλεις τον Θεό στην θέση του συνοδηγού και να Του πεις, του Παντοκράτορα. «Κάτσε Εσύ εδώ να σε πάω όπου θέλω εγώ Θεέ» Δεν γίνεται.

Πρέπει να μετανοήσεις πραγματικά, αν έχεις τον Θεό στο περιθώριο της ζωής σου τόσο καιρό μέχρι τώρα, και να Του ζητήσεις να γίνει Αυτός ο οδηγός, της ζωής σου, από εδώ και πέρα.

Είναι ο μόνος που ξέρει το δρόμο, ξέρει τις καρδιές των ανθρώπων και μπορεί μόνο Αυτός να στους ξεσκεπάσει. Γιατί ότι λάμπει, δεν είναι χρυσός...

Ο Θεός είπε: «Θα σας δώσω καρδιά νέα και θα βάλω μέσα σας πνεύμα νέο και αφού θα έχω αποσπάσει την πέτρινη καρδιά από τη σάρκα σας, θα σας δώσω καρδιά σάρκινη και θα βάλω μέσα σας το Πνεύμα Μου, και θα σας κάνω να περπατάτε στα διατάγματά Μου...» (Ιεζεκιήλ 36:26-27)

Ζήτησε Του λοιπόν και Αυτός θα σου δώσει νέα καρδιά, που θα θέλει να πράττει τις εντολές Του και να κάνει το δικό Του θέλημα, γιατί μόνο Αυτός μπορεί να αποσπάσει την πέτρινη καρδιά σου και μπορεί να σε κάνει «καινούργιο ασκί», «καινούργιο ιμάτιο», που θα μπορεί να συγκρατήσει τις νέες αποκαλύψεις, το «νέο κρασί» που ο Θεός θέλει να σου δώσει.

Για να μπορέσεις να εννοήσεις, το απόρρητο το δικό Του, ώστε να μπορέσεις να καταλάβεις, το μυστήριο της βασιλείας του Θεού.

Πολλοί Χριστιανοί νομίζουν ότι ο ουράνιος Πατέρας Θεός, δεν έχει ποτέ χρόνο για αυτούς... Πιστεύουν ότι είναι τόσο πολυάσχολος, πλούσιος και απρόσιτος... Βρίσκεται λένε, κάπου στον ουρανό, κάπου στον Παράδεισο, στην βίλλα Του και έχει τόσα πολλά να κάνει... Έχει τόσους πολλούς να ακούσει, τόσες προσευχές... Με μας θα κάτσει να ασχοληθεί; Και πιστεύουν ότι για να μπορέσουν να λάβουν απάντηση στις προσευχές τους και να αξιωθούν να έχουν επικοινωνία μαζί Του, θα πρέπει να κλείσουν ραντεβού, μέσα από την γραμματέα του γραφείου Του ή να πάνε στον οικονόμο του σπιτιού Του, αντί να πάνε σε Αυτόν κατευθείαν και να ζητήσουν αυτό που θέλουν ή έχουν ανάγκη.

Όμως, αλλιώς ο Κύριος μας, ο Ιησούς Χριστός δίδαξε τους μαθητές Του, τους αποστόλους Του τότε, και διδάσκει και όλους εμάς σήμερα, στο πώς πρέπει να προσευχόμαστε.

Διαβάζουμε στο κατά Λουκά ευαγγέλιο: Και ενώ ο Ιησούς Χριστός προσευχόταν σε κάποιον τόπο, καθώς σταμάτησε, κάποιος από τους μαθητές Του, είπε σ' Αυτόν: Κύριε δίδαξε μας να προσευχόμαστε, όπως και ο Ιωάννης ο Βαπτιστής, ο Πρόδρομος, δίδαξε τους μαθητές του. Και αυτή μπορεί να είναι και η δική μας ερώτηση. Πως πρέπει άραγε να προσευχόμαστε;

«Και τους είπε, όταν προσεύχεστε, να λέτε: (το Πάτερ ημών που στην δημοτική είναι) «Πατέρα μας, που είσαι στους ουρανούς, ας αγιαστεί το όνομά Σου, ας έρθει η βασιλεία Σου, ας γίνει το θέλημά Σου, όπως στον ουρανό, κι επάνω στη γη. Το καθημερινό μας ψωμί δίνε σε μας κάθε ημέρα. Και συγχώρεσε σε μας τις αμαρτίες μας· επειδή, και εμείς συγχωρούμε σε καθέναν που αμαρτάνει σ' εμάς. Και μη μας φέρεις μέσα σε πειρασμό, αλλά ελευθέρωσε μας από τον πονηρό, επειδή δική σου είναι η βασιλεία και η δύναμη και η δόξα στους αιώνες. Αμήν.» (κατά Ματθαίο ευαγγέλιο 6:13, κατά Λουκά ευαγγέλιο 11:1-4)

Και συνέχισε λίγο παρακάτω, διδάσκοντας: Ζητάτε και θα σας δοθεί· ψάχνετε, και θα βρείτε· κρούετε, και θα σας ανοιχτεί. Επειδή, καθένας που ζητάει, παίρνει... Και εκείνος που ψάχνει, βρίσκει... Και σ' εκείνον που κρούει, θα του ανοιχτεί. (κατά Λουκά 9-10)

Ακόμα και ο ίδιος ο Κύριος Ιησούς Χριστός, που είναι το παράδειγμά μας και ο Θεός θέλει να γίνουμε σύμμορφοι με Αυτόν, μιμητές δικοί Του, πάντοτε προσεύχονταν και ζητούσε ότι χρειάζονταν μόνο, από τον Πατέρα Του τον ουράνιο και Πατέρα μας και Θεό Του και Θεό μας. (κατά Ιωάννη ευαγγέλιο 20:17, προς Ρωμαίους επιστολή 8:29)

Ο Ιησούς, όπως μόλις διαβάσαμε, δίδαξε τους μαθητές Του, αλλά επίσης διδάσκει και όλους εμάς σήμερα, να προσευχόμαστε με θάρρος, κατευθείαν στον Πατέρα Θεό και να Του ζητάμε αυτό που χρειαζόμαστε. Να πλησιάζουμε με παρρησία, τον Πατέρα μας τον Ουράνιο, μπροστά στον θρόνο της χάρης Του, για να πάρουμε έλεος και να βρούμε χάρη προς βοήθεια σε καιρό ανάγκης. (προς Εβραίους επιστολή 4:16)

Και αυτό μπορούμε να το κάνουμε, όχι εξαιτίας της δικής μας δικαιοσύνης, που είναι σαν ένα ρυπαρό ιμάτιο, λόγω της αμαρτίας, αλλά εξαιτίας της θυσίας του Ιησού Χριστού, που σταυρώθηκε για τις αμαρτίες μας, για να έχουμε άφεση αμαρτιών και αναστήθηκε για την δικαίωση μας. (προς Εβραίους 10:19, προς Ρωμαίους 4:25, προς Κολοσσαείς 1:14, Ησαΐας 64:6)

Δίδαξε επίσης για την προσευχή, κάτι πάρα πολύ σημαντικό, είπε: «Σας διαβεβαιώνω απόλυτα ότι, όσα αν ζητήσετε από τον Πατέρα (τον ουράνιο) στο όνομά

Το μυστήριο της βασιλείας του Θεού

Μου, θα σας τα δώσει. Μέχρι τώρα δεν ζητήσατε τίποτε στο όνομά το δικό Μου. Ζητάτε και θα παίρνετε». (κατά Ιωάννη ευαγγέλιο 16:23-24)
Που σημαίνουν όλα αυτά, ότι όλα όσα και αν ζητάμε από τον Πατέρα Θεό, στο όνομα του γιού Του, του Ιησού Χριστού, Αυτός θα μας τα δώσει. Είναι κάτι που μας διαβεβαιώνει άλλωστε απόλυτα, ο Κύριος Ιησούς, όπως διαβάσαμε. Μέχρι τώρα δεν το κάνατε ποτέ είπε, μέχρι τώρα δεν ζητήσατε τίποτε ποτέ από τον Πατέρα τον ουράνιο, στο όνομά Μου.

• ≈≈≈≈≈≈≈≈≈≈≈≈≈≈≈≈≈≈≈≈≈≈≈≈≈ •

Κεφάλαιο 2: Πονηρό ή ευθύ;

Επανειλημμένα μέσα στην Παλαιά διαθήκη, στα βιβλία της Α' και Β' Βασιλέων και Β' Χρονικών, θα βρείτε ότι στις αναφορές που δίνονται όσον αφορά, τους βασιλιάδες του Ιούδα και του Ισραήλ, (που ο κάθε ένας έζησε, σε κάποιες συγκεκριμένες χρονικές περιόδους στο παρελθόν), αναφέρονται για αυτούς και τα εξής τύπου σχόλια ξανά και ξανά, όπως:

Βλέπουμε να λέει σχετικά για τον βασιλιά Αμμών, ότι: «έπραξε πονηρά μπροστά στον Κύριο καθώς έπραξε ο Μανασσής ο πατέρας του». Ενώ για τον βασιλιά Ιωσία, αναφέρει, ότι: «έπραξε το ευθύ μπροστά στον Κύριο και περπάτησε σε όλους τους δρόμους του πατέρα του Δαβίδ». Επίσης για τον βασιλιά Ιωάχαζ γράφει ότι: «έπραξε πονηρά μπροστά στον Κύριο σύμφωνα με όλα όσα έπραξαν οι πατέρες του». Ενώ ο Βασιλιάς Ασά που βασίλεψε και αυτός επάνω στον Ιούδα: «έκανε το ευθύ μπροστά στον Κύριο, καθώς ο Δαβίδ ο πατέρας του». (Α' Βασιλέων 15:11, Β' Βασιλέων 21:20, 22:2, 23:32)

Στην περίοδο της Καινής Διαθήκης, που διανύουμε

σήμερα, όλες αυτές οι ιστορίες αυτών των βασιλιάδων όπως επίσης και ολόκληρη η Παλαιά Διαθήκη, είναι παραδείγματα σε μας και είναι γραμμένες για την νουθεσία μας. (Α Κορινθίους επιστολή 10: 6, 11)

Παρατηρώντας προσεκτικά λοιπόν όλα αυτά τα εδάφια, θα διαπιστώσετε ότι δεν ήταν πραγματικά ο πατέρας (παραδείγματος χάριν) του βασιλιά Ιωσία, ο Δαβίδ, αλλά ο Αμμών, ο οποίος όπως είδαμε έπραξε πονηρά μπροστά στον Κύριο.

Ο Δαβίδ έζησε 17 γενεές πριν την γέννηση του βασιλιά Ιωσία. Όμως μέσα στον Λόγο του Θεού, τον βασιλιά Ιωσία τον αναφέρει ως γιο του Δαβίδ και όχι ως γιό του Αμμών που ήταν ο βιολογικός του πατέρας. Όχι δεν είναι τυπογραφικό το λάθος.

Για τον Ιησού Χριστό επίσης, θεωρώ σημαντικό να σας γράψω, ότι τον αναφέρει ως γιό του Αβραάμ, ο οποίος έζησε 42 γενεές, πριν την γέννηση του Ιησού Χριστού, που ρεαλιστικά αποκλείεται να ήταν γιός του. Όπως επίσης τον αναφέρει ως γιό του Δαβίδ, ο οποίος έζησε 28 γενεές πριν την γέννηση του Ιησού Χριστού, που και αυτό αποκλείεται να ισχύει, ότι ήταν γιός του. (κατά Ματθαίο ευαγγέλιο 1:1)

Όμως ο απόστολος Παύλος γράφει: «Ξέρετε λοιπόν ότι αυτοί που προέρχονται από την πίστη αυτοί είναι γιοι του Αβραάμ» (προς Γαλάτες επιστολή 3:7)

Κοιτώντας επίσης και αυτό που είπε ο Ιησούς ότι: «Αν ήσασταν παιδιά του Αβραάμ, θα κάνατε τα έργα τού Αβραάμ» (κατά Ιωάννη ευαγγέλιο 8:39)

Συμπεραίνουμε λοιπόν, από όλα αυτά που είδαμε και διαβάσαμε μέχρι τώρα, ότι αν πιστεύεις όπως ο Αβραάμ, πίστεψε τον Θεό και αν κάνεις έργα σαν και αυτά που έκανε ο Αβραάμ, είσαι γιος και θυγατέρα του Αβραάμ.

Το ίδιο και για τον Δαβίδ, αν λατρεύεις τον Θεό

όπως ο Δαβίδ τον λάτρευε, μετανοείς όπως ο Δαβίδ μετανοούσε μπροστά στον Θεό όταν έκανε λάθη, τότε είσαι γιος και θυγατέρα του Δαβίδ.

Ο Κύριος μας ο Ιησούς Χριστός, όπως είδαμε, ήταν και γιος του Δαβίδ και γιος του Αβραάμ, γιατί πίστευε, δόξαζε, και έπραττε, καθώς αυτοί έκαναν. Όπως είδαμε και πιο πάνω τους βασιλιάδες, είτε θα εργάζεσαι το θέλημα του Θεού, είτε θα εργάζεσαι την ανομία και θα πράττεις πονηρά μπροστά στον Θεό.

Αυτό δίδαξε και ο Ιησούς Χριστός, άλλωστε μέσα από τις παραβολές Του, που μόνο όσοι είχαν, αλλά και έχουν μάτια για να δουν, μπορούσαν και μπορούν να δουν, αλλά και όσοι είχαν, αλλά και έχουν αυτιά για να ακούν, μπορούσαν και μπορούν να τις καταλαβαίνουν, ενώ ακούν. (κατά Λουκά 8:10)

Ο Ιησούς Χριστός έλεγε στους μαθητές Του, ξανά και ξανά: «Σε σας δόθηκε να γνωρίσετε το μυστήριο της βασιλείας τού Θεού· σ' εκείνους όμως, τους έξω, τα πάντα γίνονται με παραβολές» Και «χωρίς παραβολή δεν τους μιλούσε, όμως, ιδιαίτερα εξηγούσε στους μαθητές Του τα πάντα» (κατά Μάρκο 4:11, 34)

Και αλλού αναφέρει επίσης ότι μίλησε: «όλα αυτά με παραβολές προς τα πλήθη και χωρίς παραβολή δεν τους μιλούσε· για να εκπληρωθεί αυτό που ειπώθηκε από τον προφήτη, λέγοντας: {Με παραβολές θα ανοίξω το στόμα Μου και θα εξαγγείλω πράγματα που είναι κρυμμένα από καταβολής κόσμου}» (κατά Ματθαίο 13:34-35)

Και οι μαθητές Του, τον ρώτησαν: «Γιατί τους μιλάς με παραβολές; Και εκείνος, απαντώντας είπε σ' αυτούς: Επειδή, σε σας δόθηκε να γνωρίσετε τα μυστήρια της βασιλείας των ουρανών, σ' εκείνους όμως δεν δόθηκε, για αυτό τους μιλάω με παραβολές, επειδή βλέποντας δεν βλέπουν και ακούοντας, δεν ακούν, ούτε καταλαβαίνουν. Και εκπληρώνεται επάνω τους η προφητεία του προφήτη Ησαΐα, που λέει:

«Θα ακούσουν με την ακοή, αλλά δεν θα εννοήσουν· και βλέποντας θα δουν, και δεν θα καταλάβουν· επειδή, η καρδιά αυτού τού λαού πάχυνε, και με τα αυτιά βαριάκουσαν, και έκλεισαν τα μάτια τους, μήπως και δουν με τα μάτια, και ακούσουν με τα αυτιά, και καταλάβουν με την καρδιά, και επιστρέψουν, και τους γιατρέψω» (κατά Ματθαίο ευαγγέλιο 13: 10 -15)

Ακόμα και στην εποχή που έζησε ο Ιησούς Χριστός εδώ στην γη, σαν άνθρωπος, υπήρχαν κάποιοι που ενώ τον άκουγαν, δεν μπορούσαν να καταλάβουν αυτά που τους έλεγε.

Γιατί η καρδιά τους είχε παχύνει και με τα αυτιά τους βαριάκουγαν και είχαν κλείσει τα μάτια τους, μήπως και δουν με τα μάτια, και ακούσουν με τα αυτιά, και καταλάβουν με την καρδιά τους.

Δηλαδή τους άρεσε το «παλιό κρασί» και για αυτό δεν μπορούσαν να συγκρατήσουν το «νέο κρασί», τις νέες αποκαλύψεις, που ο Θεός μας, τους έδινε.

Ο Κύριος Ιησούς Χριστός είπε: «Προσέχετε λοιπόν πως ακούτε, επειδή όποιος έχει, θα του δοθεί. Και όποιος δεν έχει και εκείνο που νομίζει ότι έχει, θα του αφαιρεθεί.» (κατά Λουκά ευαγγέλιο 8:18)

Πώς λοιπόν ακούς, αυτά που ακούς; Πώς λοιπόν διαβάζεις, αυτά που διαβάζεις; Δίνεις προσοχή ή μήπως όχι; Ο σκοπός σου είναι να βρεις κάτι να χλευάσεις; Να κατακρίνεις ίσως; Ή ο σκοπός σου είναι να μάθεις; Να λάβεις;

Πολλοί ακούν τον Λόγο του Θεού, πολλοί μελετούν την Αγία Γραφή. Αλλά με τι καρδιά, με τι κίνητρα, πώς την ακούν ή την διαβάζουν; Δίνουν προσοχή;

Όποιος έχει τα σωστά κίνητρα, την σωστή στάση

καρδιάς, θα του δοθεί. Όποιος όμως δεν τα έχει και εκείνο που νομίζει ότι έχει, θα του αφαιρεθεί.

●≈≈≈≈≈≈≈≈≈≈≈≈≈≈≈≈≈≈≈≈≈≈≈≈≈●

Θα δούμε στον παρακάτω πίνακα, δέκα από τις παραβολές που δίδαξε ο Ιησούς Χριστός, τις οποίες και θα εξετάσουμε αναλυτικά στα επόμενα κεφάλαια. Καθώς λοιπόν θα ξεδιπλώνετε η ερμηνεία τους μπροστά σας, θα αντιληφθείτε ότι μιλάνε όλες, για το ίδιο πράγμα, για δύο διαφορετικούς τύπους Χριστιανών, που βρίσκονται και οι δύο ανάμεσα στον λαό του Θεού, μέσα στην εκκλησία.

●≈≈≈≈≈≈≈≈≈≈≈≈≈≈≈≈≈≈≈≈≈≈≈≈≈●

Πίνακας: Δέκα από τις παραβολές

Εργάτες του θελήματος του Θεού	Εργάτες της ανομίας
Ο γιός που έκανε το θέλημα του πατέρα	Ο γιός που δεν έκανε το θέλημα του πατέρα
(κατά Ματθαίο ευαγγέλιο 21:28-31)	
Καλό δέντρο	Σαπρό δέντρο
(κατά Ματθαίο ευαγγέλιο 7:15-23)	
Σιτάρι - Γιοί της βασιλείας	Ζιζάνια - Γιοι του πονηρού
(κατά Ματθαίο ευαγγέλιο 3:24-30, 37-43)	
Δίκαιοι	Πονηροί
(κατά Ματθαίο ευαγγέλιο 3:47-50)	
Φρόνιμος άνθρωπος	Άφρονας άνθρωπος
(κατά Ματθαίο ευαγγέλιο 7:24-27)	
Πιστός και φρόνιμος	Κακός δούλος
(κατά Ματθαίο ευαγγέλιο 4:45-51)	
Φρόνιμες παρθένες	Μωρές παρθένες
(κατά Ματθαίο ευαγγέλιο 25:1-13)	
Αγαθοί και πιστοί δούλοι	Αχρείος, πονηρός και οκνηρός δούλος
(κατά Ματθαίο ευαγγέλιο 5:14-30)	
Πρόβατα	Ερίφια
(κατά Ματθαίο ευαγγέλιο 5:31-46)	
Ο καλός Σαμαρείτης	Ο Ιερέας και ο Λευίτης
(κατά Λουκά ευαγγέλιο 10:30-35)	

Κεφάλαιο 3: Η παραβολή των δύο γιών

«Αλλά, τι γνώμη έχετε; Ένας άνθρωπος είχε δύο γιους· και καθώς ήρθε στον πρώτο, είπε: Παιδί μου, πήγαινε σήμερα να δουλέψεις στον αμπελώνα μου. Και εκείνος απαντώντας, είπε: Δεν θέλω ύστερα, όμως, μετανιώνοντας, πήγε. Και καθώς ήρθε στον δεύτερο, του μίλησε κατά παρόμοιο τρόπο. Και εκείνος απαντώντας, είπε: Εγώ, θα πάω, κύριε· και δεν πήγε. Ποιος από τους δύο έκανε το θέλημα του πατέρα; Του λένε: Ο πρώτος» (κατά Ματθαίο ευαγγέλιο 21:28-31)

Ο Θεός έχει δώσει σε όλους μας, τις εντολές Του, έχει βάλει μέσα μας την φωνή της συνείδησης, να μας ελέγχει, αν δεν κάνουμε κάτι σωστά.

Τώρα εμείς μπορεί μέχρι τώρα, να μην θέλαμε ποτέ να υπακούσουμε και να κάνουμε το δικό Του θέλημα, να μην θέλαμε να ακολουθήσουμε τις εντολές Του. Να θέλαμε να κάνουμε πάντα το δικό μας και το τι εμείς νομίζουμε ή φανταζόμαστε ότι είναι καλύτερο.

Όποιος όμως, πραγματικά πιστέψει στον Θεό και Του παραδώσει ολοκληρωτικά την ζωή του και Τον αφήσει να γίνει οδηγός της ζωής του, μετανιώνοντας για ότι έχει κάνει μέχρι τώρα και αρχίσει να κάνει το τι θέλει Αυτός, θα είναι σαν αυτό τον γιό της παραβολής, που τελικά πήγε να κάνει το θέλημα του πατέρα του.

Υπάρχουν Χριστιανοί που υπόσχονται λέγοντας, πολύ μεγάλα λόγια στο Θεό. Του λένε για παράδειγμα: {εγώ θα πάω Κύριε}.

Άλλοι λένε :{αν με βοηθήσεις τώρα, στο πρόβλημα μου, Θεέ μου, εγώ θα κάνω αυτό που θέλεις ή θα σου δώσω αυτό ή εκείνο - τάμα} αλλά τελικά δεν κάνουν τίποτα από αυτά που Του υποσχέθηκαν.

Ο Απόστολος Πέτρος, για παράδειγμα, ήταν ένας από αυτούς. Είπε στον Κύριο Ιησού Χριστό: «Και αν όλοι σκανδαλιστούν, μαζί Σου, εγώ όμως όχι, (δεν θα σκανδαλιστώ). Κύριε, είμαι έτοιμος να πάω μαζί Σου και στη φυλακή και στον θάνατο» (κατά Μάρκο ευαγγέλιο 14:29), (κατά Λουκά ευαγγέλιο 22:33)

Όμως την ώρα τις δυσκολίας τι έκανε; Την στιγμή που έπρεπε να πάρει θέση; Την ώρα που έπρεπε να σταθεί δίπλα σε Αυτόν, καθώς Του το είχε υποσχεθεί; Τον απαρνήθηκε και μάλιστα ορκιζόταν ότι δεν Τον γνωρίζει, τον πρόδωσε.

Υπάρχουν λοιπόν, ανάμεσα στον λαό του Θεού και κάποιοι χριστιανοί, που λειτουργούν έτσι ακριβώς. Δίνουν υποσχέσεις στον Θεό, που ποτέ δεν τις τηρούν. Ιδίως, την ώρα που περνάνε κάποιο πρόβλημα στην ζωή τους, την ώρα της δυσκολίας, υπόσχονται πράγματα στον Θεό.

Ποτέ όμως, δεν τα κάνουν...

Ο Κριτής ο Ιεφθάε είπε: {...εγώ άνοιξα το στόμα μου στον Κύριο τον Θεό και δεν μπορώ να πάρω πίσω τον λόγο μου}. (Κριτές 11:34-35)

Δηλαδή με λίγα λόγια είπε, υποσχέθηκα στον Ύψιστο, υποσχέθηκα στον Θεό τον Παντοκράτορα και *δεν μπορώ να πάρω πίσω τα λόγια μου. Καταλάβαινε ποιος ήταν αυτός και ποιος ήταν ο Θεός. Και ότι έπρεπε να εκπληρώσει την υπόσχεση που του είχε δώσει, όποια και αν ήταν αυτή.*

Ο Θεός είναι πιστός και ότι Αυτός λέει και υπόσχεται, το κάνει, αλλιώς δεν το λέει. Δεν το βγάζει από το στόμα Του. Δεν είναι άνθρωπος να πει ψέματα, ούτε γιός ανθρώπου, να μεταμεληθεί και να αλλάξει γνώμη, ξαφνικά. Υποσχέθηκε ότι θα δώσει τον γιό Του τον μονογενή, για να σωθεί όλη η ανθρωπότητα και το έκανε. Όπως και ο κριτής Ιεφθάε είχε υποσχεθεί στον Θεό, την κόρη του, που ήταν και σε αυτόν μονογενής και το έκανε.

Ένα άλλο που θα ήθελα να αναφέρω εδώ, είναι ότι υπάρχουν τόσοι πολλοί χριστιανοί, που μόνο στις γιορτές και στις ανάγκες τους, θυμούνται τον Πατέρα Θεό, κάθε Πάσχα, Χριστούγεννα, σε γάμους, σε κηδείες, σε αρρώστιες, δυσκολίες...

Και φυσικά δεν αφιερώνουν καθόλου χρόνο, για να προσευχηθούν σε Αυτόν. Δηλαδή να ενδιαφερθούν να Του μιλήσουν και να Τον ρωτήσουν, ποιο είναι το δικό Του θέλημα για την ζωή τους.

Η μόνη προσευχή που γνωρίζουν, είναι, το να ναι με ένα χέρι συνεχώς και να ζητάνε από Αυτόν, το ένα ή το άλλο, χωρίς να θέλουν ποτέ, να αφιερώσουν χρόνο για να επικοινωνήσουν μαζί Του.

Φαντάσου το πώς θα αισθανόσουν σαν γονιός, αν τα δικά σου παιδιά, σε θυμόνταν ότι υπάρχεις, μόνο στις γιορτές και στις ανάγκες τους ή μόνο όταν ήθελαν λεφτά από εσένα και όλες τις άλλες μέρες του χρόνου, να μην σε έπαιρναν ούτε ένα τηλέφωνο, να μην σε θυμόνταν στα γενέθλια σου, να μην σε ρωτούσαν αν έχεις κάποια ανάγκη ή αν θέλεις να σε βοηθήσουν σε κάτι. Αν δεν θα ήθελες να σου κάνουν τα παιδιά σου ποτέ κάτι τέτοιο, γιατί το κάνεις στον Πατέρα Θεό; Γιατί συνεχίζεις να είσαι μακριά Του; (αν το κάνεις)

Υπήρχαν πάντα, ακόμα και σήμερα δυστυχώς, τόσοι πολλοί χριστιανοί που λένε το ίδιο ακριβώς, που έλεγε ο λαός Ισραήλ στην έρημο, στον Μωυσή στο ταξίδι τους προς την γη της επαγγελίας. Πλησίασε εσύ Μωυσή στον Θεό και άκουσε όλα όσα θα σου πει κι έπειτα, έλα και πέστα μας· κι εμείς θα τα ακούσουμε και θα τα κάνουμε. (Δευτερονόμιο 5:27)

Με λίγα λόγια, αυτό που είπαν τότε, αλλά και το λένε και σήμερα πολλοί, είναι ότι: Δεν θα πάμε εμείς να προσευχηθούμε και να επικοινωνήσουμε με τον Πατέρα μας Θεό. Πήγαινε εσύ Μωυσή, πήγαινε εσύ υπηρέτη του Θεού, στον Πατέρα μας τον ουράνιο και μεσίτευσε και ρώτησε Τον για μας και έπειτα, πες μας όσα ο Θεός, θα πει σε σένα· κι εμείς θα τα κάνουμε.

Θα σου άρεσε αυτό να στο κάνουν τα παιδιά σου; Όχι βέβαια. Θέλεις τα παιδιά σου να είναι κοντά σου, να έχουν θάρρος να επικοινωνούν μαζί σου και όχι μέσω άλλων, γιατί τα αγαπάς.

●≈≈≈≈≈≈≈≈≈≈≈≈≈≈≈≈≈≈≈≈≈≈≈≈≈≈≈●

Κεφάλαιο 4: Δύο είδη δέντρων

Ο Ιησούς Χριστός δίδαξε τότε τους μαθητές Του και συνεχίζει να μας διδάσκει και σήμερα: «Προσέχετε από τους ψευδοπροφήτες, που έρχονται σε σας με ενδύματα προβάτων, από μέσα όμως, είναι αρπακτικοί λύκοι. Θα τους γνωρίσετε από τους καρπούς τους, μήπως μαζεύουν σταφύλια από αγκάθια ή σύκα από τριβόλια;

Έτσι κάθε καλό δέντρο κάνει καλούς καρπούς· ενώ το σαπρό δέντρο κάνει κακούς, καρπούς. (Στο αρχαίο κείμενο αναφέρει «πονηρούς» και όχι «κακούς» όπως πολλές μεταφράσεις το αναφέρουν).

Δεν μπορεί ένα καλό δέντρο να κάνει πονηρούς καρπούς, ούτε ένα σαπρό δέντρο να κάνει καλούς καρπούς. Κάθε δέντρο που δεν κάνει καλό καρπό, κόβεται και ρίχνεται στη φωτιά. Επομένως από τους καρπούς τους θα τους γνωρίσετε. Δεν θα μπει μέσα στη βασιλεία των ουρανών καθένας που λέει σε μένα: Κύριε, Κύριε αλλά αυτός που πράττει το θέλημα του Πατέρα Μου, ο οποίος είναι στους ουρανούς.

Πολλοί θα μου πουν κατά την ημέρα εκείνη: Κύριε,

Κύριε δεν προφητεύσαμε στο όνομα Σου, και στο όνομα Σου εκβάλαμε δαιμόνια, και στο όνομά Σου κάναμε πολλά θαύματα; Και τότε, θα ομολογήσω σε αυτούς ότι: Ποτέ δεν σας γνώρισα φεύγετε από Μένα εσείς που εργάζεστε την ανομία.

Καθένας, λοιπόν, που ακούει τα λόγια Μου αυτά και τα πράττει, θα τον εξομοιώσω με έναν φρόνιμο άνθρωπο, που οικοδόμησε το σπίτι του επάνω στην πέτρα· και κατέβηκε η βροχή, και ήρθαν τα ποτάμια, και φύσηξαν οι άνεμοι, και χτύπησαν με ορμή επάνω στο σπίτι εκείνο, και δεν έπεσε· επειδή, ήταν θεμελιωμένο επάνω στην πέτρα.

Και καθένας που ακούει τα λόγια Μου αυτά, και δεν τα πράττει, θα εξομοιωθεί με έναν άφρονα άνθρωπο, που οικοδόμησε το σπίτι του επάνω στην άμμο· και κατέβηκε η βροχή, και ήρθαν τα ποτάμια, και φύσηξαν οι άνεμοι, και χτύπησαν με ορμή επάνω στο σπίτι εκείνο, και έπεσε· και η πτώση του ήταν μεγάλη» (κατά Ματθαίο ευαγγέλιο 7:15-27)

Είναι ξεκάθαρο, ότι ο Ιησούς, δεν μας κάνει μάθημα γεωπονίας, μιλώντας μας για τα δέντρα, τους καρπούς και τα φυτά, αλλά μιλάει για δύο τύπους ανθρώπων, καθώς θα προσέξατε, πιστεύω και εσείς, που λένε ότι πιστεύουν στον Θεό και ακούνε τα λόγια Του.

Είναι αυτοί που πράττουν το θέλημα του Θεού και κάνουν καλούς καρπούς, (τα καλά δέντρα) και αυτοί που εξακολουθούν να εργάζονται την ανομία και κάνουν πονηρούς καρπούς, (τα σαπρά δέντρα). Η λέξη σαπρό σημαίνει σάπιο, διεφθαρμένο.

Κάθε δέντρο από τον καρπό του γνωρίζεται. Όταν ένα δέντρο κάνει πορτοκάλια, προφανώς είναι Πορτοκαλιά. Όταν κάνει λεμόνια, είναι Λεμονιά. Δεν μπορεί να είναι Μηλιά, ούτε Βερικοκιά.

Δεν μπορείς να πας να μαζέψεις από τα αγκάθια,

σύκα για να φας, θα πρέπει να πας στη συκιά για να βρεις σύκα, ούτε από ένα βάτο μπορείς ποτέ να τρυγήσεις σταφύλια. Τόσο απλά τα δίδαξε ο Ιησούς Χριστός.

Ούτε το αγκάθι, ούτε το βάτο καλλιεργούνται, είναι μη καλλιεργήσιμα φυτά, που βγαίνουν από μόνα τους, εκεί που δεν τα σπέρνουν. Και έτσι είναι και ορισμένοι ονομαζόμενοι χριστιανοί, που δεν έχουν αφήσει ποτέ τον Θεό και το Λόγο Του να καθαρίσει και να καλλιεργήσει την καρδιά τους. Δεν αφιερώνουν καθόλου χρόνο για να μελετήσουν την Αγία Γραφή και να ζητήσουν τον Θεό μέσα στην ζωή τους.

Τα καλά δέντρα κάνουν καλούς καρπούς, όπως είδαμε, ενώ τα σαπρά, διεφθαρμένα, δέντρα, πονηρούς καρπούς. Η στάση καρδιάς που έχει ο κάθε άνθρωπος και οι «καρποί» που απορρέουν από αυτή, είναι αυτό που θα προσδιορίσει, σε ποια από αυτές τις δύο κατηγορίες ανθρώπων, θα μπορούσαμε να τον κατατάξουμε.

Ο Ιησούς Χριστός είπε: «Ο καλός άνθρωπος βγάζει τα καλά από τον καλό θησαυρό της καρδιάς και ο πονηρός άνθρωπος βγάζει τα πονηρά από τον πονηρό θησαυρό της καρδιάς» Γιατί «από το περίσσευμα της καρδιάς μιλάει το στόμα» (κατά Ματθαίο 12:34-35)

Από το περίσσευμα της καρδιάς μας, λοιπόν, βγαίνει αυτό που μιλάει το στόμα μας, οι «καρποί» μας. Αν αυτό που έχουμε μέσα στην καρδιά μας, είναι η αγάπη, ο Λόγος του Θεού, αυτά θα μιλάμε με το στόμα μας. Αν όμως είναι άλλα πράγματα μέσα στην καρδιά μας, (π.χ. μίσος, πικρία, κουτσομπολιό κ.α.) αυτά και θα βγουν από το στόμα μας, αυτά θα συζητάμε.

Ο αγαθός, καλός άνθρωπος βγάζει τα αγαθά, καλά, από τον αγαθό, καλό θησαυρό της καρδιάς του· και ο κακός, πονηρός άνθρωπος βγάζει τα κακά, πονηρά, από τον κακό, πονηρό θησαυρό της καρδιάς του.

Αυτά είπε ο Ιησούς Χριστός για το θησαυρό που έχει ο καθένας μας μέσα στην καρδιά του. Πώς όμως ένας καλός άνθρωπος (καλό δέντρο), με καλή στάση καρδιάς, μπορεί να κάνει καλούς καρπούς;

«Μακάριος ο άνθρωπος που δεν περπάτησε σε θέλημα ασεβών και σε δρόμο αμαρτωλών δεν στάθηκε και σε καθέδρα χλευαστών δεν κάθισε· αλλά, στον νόμο του Κυρίου είναι το θέλημά του, και στον νόμο Του μελετάει ημέρα και νύχτα. Και θα είναι σαν δέντρο φυτεμένο κοντά στα ρυάκια των νερών, το οποίο δίνει τον καρπό του στον καιρό του και το φύλλο του δεν μαραίνεται· και όλα όσα αν πράττει, θα ευοδωθούν» (Ψαλμός 1:1-4)

Όταν λοιπόν ο άνθρωπος δεν θέλει να πράττει την ανομία, αλλά είναι το θέλημα του να πράττει τον νόμο του Θεού και να Τον μελετάει ημέρα και νύχτα, τότε θα κάνει καλούς καρπούς. Θα δίνει τον καρπό του στον καιρό του και το φύλλο του δεν θα μαραίνεται· και όλα, όσα αν πράττει, θα ευοδωθούν.

Γιατί απλά θα είναι σαν δέντρο φυτεμένο, κοντά στα ρυάκια των νερών, κοντά στον ποταμό πού ξεκινάει από τον θρόνο του Θεού.

Αυτοί όμως πού ονομάζονται σε αυτή την παραβολή σαπρά δέντρα, είναι αυτοί πού έχουν πονηρή καρδιά απιστίας, σκέφτονται και λειτουργούν πονηρά και σαν επακόλουθο, κάνουν πονηρούς καρπούς.

Έρχονται σε μας με τον μανδύα του προβάτου, από μέσα όμως, είναι αρπακτικοί λύκοι.

Νομίζω ότι αυτά τα εδάφια, το λένε ξεκάθαρα: «Δεν μπορεί ένα καλό δέντρο, να κάνει πονηρούς καρπούς, ούτε ένα σαπρό δέντρο, να κάνει καλούς καρπούς. Κάθε δέντρο που δεν κάνει καλό καρπό, κόβεται και *ρίχνεται στη φωτιά. Επομένως από τους καρπούς τους θα τους γνωρίσετε»*

Από τους καρπούς, από τα λόγια τους, τον καρπό των χειλέων τους, θα τους γνωρίσουμε και όχι από την εμφάνιση τους, την ομορφιά τους. Όχι από το πόσο καλοσυνάτοι, μπορεί να φαίνονται ή το πόσο συχνά πηγαίνουν στην εκκλησία.

Τα φαινόμενα, απατούν πολλές φορές και ότι λάμπει, δεν σημαίνει απόλυτα ότι είναι χρυσός.

«Ο ίδιος ο σατανάς μετασχηματίζεται σε άγγελο φωτός. Δεν είναι, λοιπόν, μεγάλο αν και οι διάκονοί του μετασχηματίζονται σε διακόνους της δικαιοσύνης» (Β Κορινθίους 11:14)

Γι αυτό ας ζητήσουμε από τον Πατέρα Θεό, που είναι καρδιογνώστης και γνωρίζει τα πάντα για όλους μας, να μας ξεσκεπάσει κάθε άνθρωπο που ερχόμαστε σε επαφή, γιατί μόνο Αυτός γνωρίζει τις καρδιές τους.

Έτσι θα μπορέσουμε να αντιληφθούμε τα σαπρά δέντρα, τους διεφθαρμένους, τους αρπακτικούς λύκους, που ίσως μας περιτριγυρίζουν.

Κάθε άνθρωπος λοιπόν που δεν κάνει καλούς καρπούς, κόβεται όπως το δέντρο και ρίχνεται στην φωτιά και αυτό θα δούμε παρακάτω τι σημαίνει ακριβώς, γιατί το ίδιο αναφέρει ο Ιησούς Χριστός και σε άλλες παραβολές Του.

Στην Παλαιά Διαθήκη διαβάζουμε ότι δεν ήταν μόνο ο λαός του Θεού, που βγήκε από την Αίγυπτο, ήταν και το σύμμικτο πλήθος που βγήκε μαζί τους. Και αυτοί, είχαν ακολουθήσει τον Μωυσή, και αυτοί, άκουγαν τις εντολές του Θεού. (Έξοδος 12:38)

Ήταν το σύμμικτο πλήθος που ήταν ανάμεσά τους, αυτό που επιθύμησε μια επιθυμία να φάει κρέας και άρχισε και ο λαός του Θεού να κλαίει και να το ζητάει. (Αριθμοί 11:4)

Έτσι γίνεται και σήμερα λοιπόν, υπάρχουν δύο είδη ανθρώπων, που βρίσκονται μέσα στην εκκλησία και ονομάζονται χριστιανοί. Αλλά είναι πραγματικά;

Χριστιανοί ονομάστηκαν, για πρώτη φορά στην Αντιόχεια, αυτοί που ακολουθούσαν τον Ιησού Χριστό και την διδασκαλία Του, γιατί έκαναν αυτά που Αυτός έκανε και δίδασκαν αυτά που Αυτός δίδασκε και προσπαθούσαν να Του μοιάσουν, γιατί ακολουθούσαν το παράδειγμα Του.

Ο Ιησούς Χριστός πάντα, έκανε το θέλημα του Πατέρα του Ουράνιου. Αυτό λοιπόν θα πρέπει να κάνουμε και εμείς. Και Αυτός είπε, ότι δεν θα μπει μέσα στη βασιλεία των ουρανών, καθένας που λέει σε Αυτόν με το στόμα του, Κύριε, Κύριε Θεέ μου και δεν πράττει το θέλημα του Θεού, αλλά αυτός που πράττει το θέλημα Του.

Δεν φτάνει λοιπόν μόνο να λέμε ότι είμαστε χριστιανοί. Κάνουμε το θέλημα του Πατέρα Θεού; Δεν φτάνει μόνο να ακούμε τον Λόγο του Θεού. Τον πράττουμε; Γιατί αν δεν τον πράττουμε, αν δεν φυλάττουμε τις εντολές Του, είμαστε ίδιοι με τον άφρονα άνθρωπο...

Γιατί η βροχή θα έρθει, θα πνεύσουν οι άνεμοι, θα έρθουν οι πειρασμοί, τα προβλήματα, οι καταιγίδες... Έρχονται σε όλους τους ανθρώπους, όχι μόνο στους φρόνιμους, αλλά και στους άφρονες.

Στην ζωή άλλωστε δεν είναι πάντοτε καλοκαίρι, υπάρχει και χειμώνας...

Που έχεις κτίσει το σπίτι σου, την ζωή σου ολόκληρη; Όσοι έχουν την ζωή τους κτισμένη, πάνω στην πέτρα, στον βράχο τον αιώνιο, πού είναι ο Θεός και ο Λόγος Του, αυτοί είναι που θα σταθούν, μέσα στην καταιγίδα και θα βγουν νικητές μέσα από την τρικυμία της ζωής.

Όσοι όμως έχουν χτίσει το σπίτι τους, την ζωή τους, πάνω στην άμμο, επάνω στα εφήμερα πράγματα του κόσμου αυτού και είναι ακροατές του Λόγου του Θεού και όχι εκτελεστές, όταν κατέβει η βροχή και έρθουν τα ποτάμια και φυσήξουν οι άνεμοι και χτυπήσουν με ορμή επάνω στο σπίτι τους, στην ζωή τους, στην οικογένεια τους, θα πέσουν και η πτώση τους θα είναι μεγάλη.

Ο Θεός πάντα μας μιλάει και μας προειδοποιεί. Έχει βάλει μέσα μας την φωνή της συνείδησης. Όταν μας λέει να μην κάνουμε κάτι, (όπως είπαμε) δεν είναι γιατί θέλει να μας περιορίσει, αλλά γιατί θέλει να μας προστατέψει, όπως κάνει άλλωστε και κάθε γονιός.

Αν ακούσουμε λοιπόν προσεκτικά τα λόγια Του ή τα διαβάσουμε και τα πράξουμε, τότε θα είμαστε σαν τον φρόνιμο αυτής της παραβολής. Εάν όμως απλά τα προσπεράσουμε, θα είμαστε σαν τον άφρονα και θα υποστούμε τις συνέπειες.

Επειδή, αν κάποιος είναι ακροατής τού Λόγου του Θεού και όχι εκτελεστής, αυτός μοιάζει με έναν άνθρωπο, που κοιτάζει το φυσικό του πρόσωπο μέσα σε καθρέφτη· επειδή, κοίταξε τον εαυτό του και αναχώρησε κι αμέσως λησμόνησε ποιος ήταν. (Ιακώβου 1:23-24)

Κοίταξε τον εαυτό του στον καθρέφτη, και δεν έκανε τίποτα για να αλλάξει, αυτό που είδε, τίποτα για να ευθυγραμμιστεί με το τι θέλει ο Θεός. Απλά άκουσε, απλά κοίταξε τον εαυτό του, κοίταξε τις ατέλειες του και έφυγε.

Άνθρωπος είμαι, κανείς δεν είναι τέλειος... Θα χτενιστώ αργότερα... Μα είσαι αχτένιστος. Θα αλλάξω ρούχα ύστερα... Μα έχεις λεκέ.

• ≈≈≈≈≈≈≈≈≈≈≈≈≈≈≈≈≈≈≈≈≈≈≈≈≈≈ •

Κεφάλαιο 5: Η παραβολή των ζιζανίων

Είπε ο Ιησούς: «Αυτός που σπέρνει τον καλό σπόρο είναι ο Υιός του ανθρώπου και το χωράφι είναι ο κόσμος, και ο καλός σπόρος είναι οι γιοι της βασιλείας και τα ζιζάνια είναι οι γιοι του πονηρού και ο εχθρός που τα έσπειρε, είναι ο διάβολος και ο θερισμός είναι η συντέλεια του αιώνα και οι θεριστές είναι οι άγγελοι.

Όπως λοιπόν μαζεύονται τα ζιζάνια και κατακαίονται στην φωτιά, έτσι θα είναι στην συντέλεια αυτού του αιώνα. Ο Υιός του Ανθρώπου θα στείλει τους αγγέλους του και θα μαζέψουν από τη βασιλεία Του, όλα τα σκάνδαλα κι εκείνους που πράττουν την ανομία και θα τους ρίξουν στο καμίνι της φωτιάς, εκεί θα είναι το κλάμα και το τρίξιμο των δοντιών.

Τότε οι δίκαιοι θα λάμψουν σαν τον ήλιο, μέσα στην βασιλεία του Πατέρα τους. Αυτός που έχει αυτιά για να ακούει, ας ακούει» (κατά Ματθαίο 13:37-43)

Αυτό που θέλω να τονίσω είναι ότι, θα συνάξουν οι άγγελοι όλα τα σκάνδαλα, όλα τα ζιζάνια, τους γιους του πονηρού, όλους αυτούς που πράττουν την ανομία. Και αυτοί βρίσκονται διάσπαρτοι, ανάμεσα στον λαό του Θεού, ανάμεσα στον σίτο.

Μέσα στην εκκλησία, (όπως είδαμε) υπάρχει εκτός από τον λαό του Θεού και ένα σύμμικτο πλήθος που ακολουθεί και δεν εργάζεται το θέλημα του Θεού, αλλά ακολουθεί την αμαρτία. Ακούει και διαβάζει και αυτό τον «Μωυσή», ακούει τις εντολές του Θεού, τον Λόγο του Θεού, όμως δεν τον πράττει. Είναι απλά ακροατές.

Είπε ο απόστολος Πέτρος, για αυτούς: «Επειδή αν, αφού απέφυγαν τα μολύσματα του κόσμου, διαμέσου της επίγνωσης του Κυρίου και Σωτήρα Ιησού Χριστού, μπλέχτηκαν ξανά σε αυτά και πέφτουν νικημένοι, έγιναν σ' αυτούς τα τελευταία χειρότερα από τα πρώτα. Επειδή, ήταν καλύτερα σ' αυτούς να μη γνωρίσουν τον δρόμο της δικαιοσύνης, παρά, αφού τον γνώρισαν, να κάνουν πίσω από την άγια εντολή που τους παραδόθηκε» (Β Πέτρου επιστολή 2:20-21)

Και αυτοί βρίσκονται μέσα στην εκκλησία, πηγαίνουν και ακούν τον Λόγο του Θεού ανελλιπώς, όμως τον πράττουν; Όχι. Έχουν προσωπική σχέση με τον Θεό; Όχι.

Κάποτε μπορεί να είχαν, μπορεί να είχαν ζητήσει τον Θεό να γίνει Αυτός, οδηγός της ζωής τους, αλλά τώρα εξακολουθούν να είναι μαζί Του; Ακολουθούν τον δρόμο τον δικό Του; Ή μήπως όχι;

Η χριστιανική ζωή είναι μια καθημερινή στάση παράδοσης της καρδιάς μας, της ζωής μας ολόκληρης, στο θέλημα του Θεού. Ο Ιησούς Χριστός είπε: «Κι αυτή είναι η αιώνια ζωή, το να γνωρίζουν Εσένα τον μόνον αληθινό Θεό, και εκείνον τον οποίον απέστειλες, τον Ιησού Χριστό» (κατά Ιωάννη 17:3)

Λέει «να γνωρίζουν». Έχει σημασία ο χρόνος του ρήματος «γνωρίζω» πού χρησιμοποιεί ο Ιησούς εδώ.

Είναι εξακολουθητικός χρόνος της υποτακτικής, της

ενεργητικής φωνής, που σημαίνει αυτό, ότι: Να εξακολουθώ, να συνεχίζω να γνωρίζω τον Θεό. Όχι Τον γνώρισα μια φορά, και μετά τελειώσαμε και δεν έχουμε σχέση πλέον.

Αυτό λοιπόν που ουσιαστικά είπε είναι ότι, αυτή είναι η αιώνια ζωή, το να εξακολουθούμε, να συνεχίζουμε να γνωρίζουμε Εσένα, τον μόνο αληθινό Θεό, ουράνιε Πατέρα Θεέ Παντοκράτορα και τον Υιό Σου τον Ιησού Χριστό.

Όπως άλλωστε και στην σχέση μας με τούς άλλους ανθρώπους, επειδή βγήκαμε μία φορά μαζί τους, δεν σημαίνει ότι τούς ξέρουμε κιόλας καλά. Έτσι είναι και με τον Θεό, κάθε μέρα που περνάει, συνεχίζουμε να τον γνωρίζουμε καλύτερα και περισσότερο πιο βαθιά.

Πίσω ξανά στην παραβολή των ζιζανίων, βλέπουμε το πότε, οι δίκαιοι μπόρεσαν να λάμψουν σαν τον ήλιο, όταν έφυγαν από την μέση, όλοι αυτοί που πράττουν την ανομία. Επειδή λίγη ζύμη κάνει όλο το φύραμα ένζυμο.

Για αυτό μας λέει, ότι θα συνάξουν οι άγγελοι πρώτα όλα τα σκάνδαλα και αυτούς που πράττουν την ανομία και θα τους ρίξουν στο καμίνι της φωτιάς, εκεί θα είναι το κλάμα και το τρίξιμο των δοντιών και ΤΟΤΕ οι δίκαιοι θα λάμψουν σαν τον ήλιο.

«Επειδή, άλλο θεμέλιο δεν μπορεί να βάλει κανένας, παρά εκείνο που έχει τεθεί, το οποίο είναι ο Ιησούς Χριστός. Και αν κάποιος οικοδομεί επάνω σε τούτο το θεμέλιο χρυσάφι, ασήμι, πολύτιμες πέτρες, ξύλα, χορτάρι, καλαμιά, καθενός το έργο θα φανερωθεί· επειδή, η ημέρα θα το φανερώσει...

Και η φωτιά θα δοκιμάσει ποιο είναι το έργο τού καθενός. Αν το έργο κάποιου που οικοδόμησε μένει, θα πάρει μισθό· αν το έργο κάποιου κατακαεί, θα ζημιωθεί· αυτός όμως θα σωθεί, αλλά με τέτοιο τρόπο

σαν μέσα από φωτιά». (Α Κορινθίους 3:11-15)
 Το θεμέλιο είναι ο Ιησούς Χριστός, αλλά εξαρτάται τι εμείς οικοδομούμε πάνω σε αυτό. Γιατί αν το έργο που οικοδομήσαμε μένει ύστερα από την φωτιά, θα πάρουμε μισθό, αν όμως κατακαεί, θα ζημιωθούμε.
 Η φωτιά του Κυρίου λοιπόν θα δοκιμάσει, ποιό είναι το έργο τού καθενός μας και αν αυτά που πράττουμε, είναι σύμφωνα με το θέλημα του Θεού ή όχι, εκεί θα φανερωθεί. Γιατί: «Το χωνευτήρι δοκιμάζει το ασήμι και το καμίνι το χρυσάφι, ο Κύριος, όμως, τις καρδιές» (Παροιμίες 17:3)
 «Επειδή, δέστε, έρχεται ημέρα, η οποία θα καίει σαν κλίβανος και όλοι οι υπερήφανοι και όλοι αυτοί που πράττουν ασέβεια, θα είναι άχυρο και η ημέρα που έρχεται θα τους κατακάψει, λέει ο Κύριος των δυνάμεων, ώστε δεν θα τους αφήσει ρίζα και κλαδί.» (προφήτης Μαλαχίας 4:1)
 Ενώ στα προηγούμενα εδάφια μιλάει για το έργο του καθενός, οτιδήποτε δεν είναι από τον Θεό θα κατακαεί. Εδώ μιλάει για αυτούς πού εργάζονται την ανομία και λέει ότι σαν άχυρο θα κατακαούνε. Αλλά ας κοιτάξουμε και τις επόμενες παραβολές, για να πάρουμε μία πιο ολοκληρωμένη κατανοητή εικόνα, αυτών των εδαφίων.

● ≈≈≈≈≈≈≈≈≈≈≈≈≈≈≈≈≈≈≈≈≈≈≈≈≈ ●

Κεφάλαιο 6: Η παραβολή με το δίχτυ

Είπε ο Ιησούς: «Πάλι, η βασιλεία των ουρανών είναι όμοια με δίχτυ, που ρίχτηκε στη θάλασσα και μάζεψε από κάθε είδους, το οποίο όταν γέμισε, το ανέβασαν στην ακρογιαλιά, και αφού κάθισαν, συγκέντρωσαν τα καλά σε σκεύη, ενώ τα άχρηστα τα πέταξαν έξω.

Έτσι θα είναι κατά την συντέλεια του αιώνα, θα βγουν οι άγγελοι και θα αποχωρίσουν τους πονηρούς από μέσα από τους δικαίους και θα τους ρίξουν στο καμίνι της φωτιάς, εκεί θα είναι το κλάμα και το τρίξιμο των δοντιών» (κατά Ματθαίο 13:47-50)

Όταν μέσα στον Λόγο του Θεού αναφέρεται η λέξη πονηροί, μιλάει για ανθρώπους, που εξακολουθητικά και συνεχόμενα, χωρίς ποτέ να μετανοήσουν, κουβαλούν μια πονηρή καρδιά απιστίας, που σκέφτεται, λειτουργεί και πράττει πονηρά.

Και ο Θεός δίνει πάντοτε καιρό στους ανθρώπους για να μετανοήσουν. Όπως έδωσε ακόμα και στην κακιά Ιεζάβελ: «Και έδωκα σε αυτήν καιρό να μετανοήσει από την πορνεία της και δεν μετανόησε. Δες, εγώ τη βάζω, σε κρεβάτι και αυτούς που μοιχεύουν μαζί της, σε μεγάλη θλίψη, αν δεν μετανοήσουν, από τα έργα τους» (Αποκάλυψη του Ιωάννη 2:21-22)

Βλέπετε ο Θεός μας δίνει πάντοτε ευκαιρίες, για να μετανοήσουμε, όταν όμως σκληρύνουμε την καρδιά μας, και συνεχίζουμε να πράττουμε την ανομία, τότε ο καιρός της ευμένειας κάποια στιγμή θα τελειώσει. Και μετά έρχεται, ο μισθός της αμαρτίας, πού είναι ο θάνατος. Πνευματικός θάνατος, πρώτα από όλα, θάνατος στα οικονομικά, αρρώστια...

Δεν μπορεί να ανοίγεις την πόρτα σου, ορθάνοιχτα στον διάβολο, επιλέγοντας να πράττεις την αμαρτία και να περιμένεις ο Θεός να έρθει να σε προστατέψει.

Για αυτό: «Σήμερα αν ακούσεις την φωνή Του, μη σκληρύνεις την καρδιά σου» αλλά μετανόησε. Γιατί «Δεν βραδύνει ο Θεός, την υπόσχεσή Του, όπως μερικοί το θεωρούν αυτό βραδύτητα αλλά μακροθυμεί σε μας, μη θέλοντας μερικοί να απολεστούν, αλλά να έρθουν όλοι σε μετάνοια» (Επιστολές: Β Πέτρου 3:9, προς Εβραίους 3:7)

Αυτό θέλει ο Θεός, να μην απολεστεί κανένας, αλλά να έρθουν όλοι σε μετάνοια, γιατί το θέλημα Του, είναι να σωθούν όλοι οι άνθρωποι και να έρθουν στην επίγνωση της αλήθειας. (Β Τιμοθέου 2:4)

Μέσα στις παραβολές αυτές λοιπόν, βλέπουμε, όχι μόνο τους δίκαιους, αλλά και αυτούς που αν και τους δόθηκε καιρός να μετανοήσουν, αυτοί εντούτοις εξακολούθησαν να πράττουν την ανομία και να έχουν πονηρή καρδιά απιστίας.

Στην παραβολή με το δίχτυ, αφού μάζεψαν τα ψάρια τα έβγαλαν όλα έξω, στην ακρογιαλιά, και εκεί έγινε το ξεκαθάρισμα, εκεί διαχωρίστηκαν και αποχωρίστηκαν οι πονηροί, από ανάμεσα από τους δίκαιους, το σιτάρι από το άχυρο, από τα ζιζάνια.

Ο Ιωάννης ο Πρόδρομος, ο Βαπτιστής, μαρτύρησε για τον Ιησού Χριστό ότι είναι Αυτός που: «κρατάει το φτυάρι στο χέρι Του, και θα καθαρίσει το αλώνι Του, και θα συνάξει το σιτάρι Του στην αποθήκη· το άχυρο, όμως, θα το κατακάψει με ακατάσβεστη φωτιά» (κατά Ματθαίο ευαγγέλιο 3:11-12)

Αυτός λοιπόν που καθαρίζει το αλώνι Του είναι ο Κύριος και λέει στις παραβολές που είπε και εξετάζουμε εδώ, ότι: τους πονηρούς, το άχυρο, τα ζιζάνια, τα ερίφια, τον κακό δούλο, τον πονηρό και οκνηρό δούλο, θα τους κατακάψει με ακατάσβεστη φωτιά, θα τους ρίξουν στο καμίνι της φωτιάς, εκεί θα είναι το κλάμα και το τρίξιμο των δοντιών, η αιώνια κόλαση. Για αυτό και αλλού αναφέρει:

«Μην αγανακτάς για τους πονηρευόμενους, ούτε να ζηλεύεις τους εργάτες της ανομίας. Επειδή, σαν χορτάρι γρήγορα θα κοπούν, και σαν χλωρό φυτό θα καταμαραθούν...» (Ψαλμός 37:1)

Οπότε είναι για να τους λυπάσαι και όχι για να τους ζηλεύεις, τους εργάτες της ανομίας, γιατί ο μισθός της αμαρτίας είναι θάνατος, ο όλεθρος τους θα έρθει αιφνίδια λέει ο Λόγος του Θεού. Όποιος σπέρνει ανομία, θα θερίσει συμφορές.

Ο Θεός είναι Άγιος «δεν μπορεί να επιβλέπει στην ανομία» στην αμαρτία και δεν μπορεί να είναι μαζί μας, όταν συνεχίζουμε να την πράττουμε.

Ξανά αναφέρει και σε αυτή την παραβολή, ότι οι άγγελοι θα είναι αυτοί που θα κάνουν το ξεκαθάρισμα, κατόπιν εντολής του Θεού. Αυτοί θα αποχωρήσουν τον σίτο από τα ζιζάνια, τους δίκαιους από τούς πονηρούς.

Τώρα όσον αφορά τους αγγέλους αυτούς, μία από τις βασικές ερμηνείες της λέξης «κρίση» στα αρχαία Ελληνικά σημαίνει: διαχωρισμός, ξεχώρισμα.

Και αυτό βλέπουμε να κάνουν οι άγγελοι αυτοί, στις παραβολές που αναλύσαμε.

Ένα παράδειγμα που θα αναφέρω τώρα, λόγω του ότι είναι πάρα πολλά τα εδάφια και εδώ αναφέρω μόνο αποσπάσματα από αυτά, είναι καλό, να το διαβάσετε μέσα από την Αγία Γραφή. Διαβάστε ολόκληρα τα κεφάλαια 18 και 19 του βιβλίου της Γένεσης στην Παλαιά Διαθήκη και κοιτάξτε και αυτά που γράφω εδώ.

Αυτά τα κεφάλαια μιλάνε για την συνάντηση του Αβραάμ με τους τρείς άντρες, που τον επισκέφτηκαν, οι οποίοι, δεν ήταν άνθρωποι, αλλά έτσι φαίνονταν.

Οι δύο από αυτούς, τους άντρες, ήταν άγγελοι, που είχαν την μορφή άντρα και οι οποίοι πήγαν και συνάντησαν αργότερα, στο επόμενο κεφάλαιο βλέπουμε και τον ανιψιό του Αβραάμ τον Λώτ και τον διέσωσαν μαζί με την οικογένειά του από την καταστροφή των Σοδόμων και των Γομόρρων. Ήταν αυτοί οι ίδιοι, που κατέστρεψαν αυτές τις πόλεις, μόλις βγήκε ο Λώτ, με την οικογένειά του από εκεί.

Ο τρίτος από τους άντρες ήταν ο ίδιος ο Κύριος, με μορφή ανθρώπου και Αυτός, για αυτό αναφέρει ότι τους προσκύνησε ο Αβραάμ μέχρι το έδαφος, γιατί είχε αναγνωρίσει ότι τον είχε επισκεφθεί ο Θεός. Και ενώ έφυγαν οι δύο άντρες - άγγελοι, έμεινε με τον Κύριο και μεσίτευε ο Αβραάμ για τις πόλεις των Σοδόμων... (Γένεση 18:1-2, 13, 17, 20, 22, 19:1,5, 8, 10, 12, 15-18)

Θα προσέξατε ότι φαίνονταν σε όλους τους άλλους ανθρώπους σαν άντρες, όμως ο Αβραάμ και ο Λώτ, (οι οποίοι είχαν σχέση με τον Θεό), είχαν καταλάβει, ποιοι πραγματικά ήταν και για αυτό τους προσκύνησαν.

Επίσης θέλω να αναφέρω ότι, ο Κύριος μας, ο Ιησούς Χριστός, πάντοτε επισκέπτονταν την γη και συνεχίζει να επισκέπτεται και πριν την γέννηση Του, στην Βηθλεέμ, αλλά και μετά την ανάσταση Του, μέχρι τώρα.

Όπως γράφει ο απόστολος Ιωάννης στο ευαγγέλιο του: «Όλα έγιναν διαμέσου Αυτού· και χωρίς Αυτόν δεν έγινε ούτε ένα το οποίο έχει γίνει. Μέσα σ' Αυτόν ήταν ζωή, και η ζωή ήταν το φως των ανθρώπων»,

«Ήταν μέσα στον κόσμο, και ο κόσμος έγινε διαμέσου Αυτού· και ο κόσμος δεν Τον γνώρισε. Στα δικά Του ήρθε, και οι δικοί Του δεν Τον δέχθηκαν» (κατά Ιωάννη 1:2-4, 10-12)

Αλλού αναφέρει επίσης για τον Ιησού Χριστό: «Πριν από τον αιώνα με έχρισε, απαρχής, πριν υπάρξει η γη», «Όταν ετοίμαζε τους ουρανούς, Ήμουν εκεί... Ήμουν κοντά Του, δημιουργούσα και Εγώ... Ήμουν η ευχαρίστησή Του, καθημερινά... Και η ευχαρίστησή Μου ήταν, μαζί με τους γιους των ανθρώπων» (Παροιμίες 8:23-31)

Στην δημιουργία του ανθρώπου στο βιβλίο της Γένεσης, αναφέρει στον πληθυντικό και όχι στον ενικό: «Και είπε ο Θεός: Ας κάνουμε άνθρωπο σύμφωνα με τη δική Μας εικόνα, σύμφωνα με τη δική Μας ομοίωση» (Βιβλίο της Γένεσης 1:26)

Αυτά τα εδάφια δείχνουν, {όπως και πάρα πολλά άλλα, που δεν μπορώ να σας τα γράψω όλα εδώ τώρα} ότι ο Ιησούς Χριστός ήταν μέσα στον κόσμο και η ευχαρίστηση Του ήταν μαζί με τους ανθρώπους, ότι στα δικά Του ήρθε. Ήταν και Αυτός στην δημιουργία της γης. Ολόκληρη η Αγία Τριάδα, ήταν.

Πολλές φορές στο παρελθόν ερχόταν αλλά και ακόμα συνεχίζει να έρχεται και να επισκέπτεται την γη, και σήμερα, με τον τρόπο που θα δούμε ξανά, εδώ τώρα: «δύο (από τους μαθητές Του) πορεύονταν κατά την ίδια ημέρα στην κωμόπολη, που ονομαζόταν Εμμαούς. Και αυτοί συνομιλούσαν αναμεταξύ τους για όλα αυτά που είχαν συμβεί.

Και ενώ μιλούσαν και συζητούσαν, καθώς πλησίασε και ο ίδιος ο Ιησούς, πορευόταν μαζί τους. Αλλά, τα μάτια τους κρατιόνταν, για να μη Τον γνωρίσουν» (κατά Λουκά ευαγγέλιο 24:13-16)

Περπατούσε και συνομιλούσε μαζί τους... Φαίνονταν σε αυτούς, σαν ένας άγνωστος απλός περαστικός... Όμως δεν ήταν έτσι τα πράγματα, όπως φαινόταν. Αν και τον ήξεραν καλά, ήταν ο δάσκαλος τους, δεν μπορούσαν να Τον αναγνωρίσουν. Τα μάτια τους είχαν χτυπηθεί με αορασία, κρατιούνταν, για να μην μπορούν να τον αναγνωρίσουν.

«Και όταν κάθισε μαζί τους στο τραπέζι, παίρνοντας το ψωμί, ευλόγησε και αφού έκοψε, έδινε σ' αυτούς. Και τότε διανοίχτηκαν σε εκείνους τα μάτια και Τον γνώρισαν κι Αυτός έγινε άφαντος από αυτούς.

Και είπαν αναμεταξύ τους: Δεν καιγόταν μέσα μας η καρδιά μας, όταν μας μιλούσε στον δρόμο και μας εξηγούσε τις γραφές;», «Τότε, διάνοιξε τον νου τους, για να καταλάβουν τις γραφές» (κατά Λουκά ευαγγέλιο 24:30-32, 45)

Ξανά και ξανά με τον ίδιο τρόπο, συνεχίζει και επισκέπτεται την γη και σήμερα. Όμως μόνο όταν Αυτός θέλει, μας ανοίγει τα μάτια να Τον δούμε και να Τον αναγνωρίσουμε.

Η Μαρία νόμιζε, ότι είναι ο κηπουρός... Οι άλλοι, όπως είδαμε στο δρόμο προς Εμμαούς, νόμιζαν ότι είναι ένας άγνωστος περαστικός, συνοδοιπόρος τους.

Πείνασα είπε ο Κύριος και δεν μου δώσατε να φάω... Δίψασα και δεν μου δώσατε να πιώ... Ξένος ήμουν και δεν με φιλοξενήσατε... (θα διαβάσετε παρακάτω περισσότερα για αυτό...)

Ο Κύριος μας, ο Ιησούς Χριστός, επανειλημμένως με αξίωσε και εμένα, να Τον δω μπροστά μου. Και μου άνοιξε τα μάτια, να Τον αναγνωρίσω ανάμεσα στο πλήθος... Περπατούσε Αυτός μπροστά μου και εγώ ήμουν ακριβώς από πίσω Του... Με έπιασε από το χέρι... Ξαφνικά γύρισε και με κοίταξε στα μάτια, με ένα έντονα διαπεραστικό βλέμμα και μου είπε: Ακολούθα Με...

Ήταν η παρουσία του Θεού, η δόξα Του, τόσο πολύ έντονη επάνω σε μένα, αλλά και παντού τριγύρω μου. Ακτινοβολούσε παντού φώς και ειρήνη. Την δική Του ειρήνη, που δεν έχει καμία σχέση με την ειρήνη του κόσμου αυτού. (κατά Ιωάννη ευαγγέλιο 14:27)

Μια εντελώς διαφορετική διάσταση, που δεν μπορεί να συγκριθεί με τίποτα και με κανέναν εδώ στην γη. Μάλιστα ισχύει αυτό που είπε και ο απόστολος Παύλος, για τον εαυτό του, ότι θεωρούσε ότι τα πάντα είναι ζημία, ότι είναι σκύβαλα, σκουπίδια, μπροστά στο έξοχο της γνώσης τού Ιησού Χριστού. (προς Φιλιππησίους 3:8)

Κάθε φορά που Τον έχω δει, ήταν και ένας σταθμός στην ζωή μου, μου άλλαξε την ζωή. Είναι φοβερό όταν το δημιούργημα έρχεται σε επαφή με τον δημιουργό του. Δεν υπάρχουν λόγια ανθρώπινα να το περιγράψεις... (Θα αναφέρω περισσότερα σε κάποιο από τα επόμενα βιβλία μου.)

Κεφάλαιο 7: Μέσα στο ίδιο κήρυγμα

Στο κατά Ματθαίο ευαγγέλιο και στα κεφάλαια 24 και 25 αποτυπώνεται ατόφιο και ολόκληρο, ένα από τα κηρύγματα του Ιησού Χριστού, που αναφέρει μια σειρά από παραβολές, που τις είπε, την ίδια μέρα, μέσα στο ίδιο κήρυγμα, στο ίδιο πλήθος. Αλλά συνεχίζει επίσης και τις λέει και σήμερα σε όλους μας, γιατί όπως είπαμε, τα λόγια του Θεού, είναι αιώνια.

Ο πιστός και ο κακός δούλος

Ξεκίνησε λοιπόν ο Ιησούς Χριστός, {στο κεφάλαιο 24} κηρύττοντας για τις έσχατες ημέρες (η ανάλυση του, θα εκδοθεί σε επόμενο βιβλίο) και στην συνέχεια, ρώτησε: «Ποιος είναι, λοιπόν, ο πιστός και φρόνιμος δούλος, που ο κύριός του τον κατέστησε επιστάτη στους υπηρέτες του, για να δίνει σε αυτούς την τροφή στον καιρό της; Μακάριος εκείνος ο δούλος, που, όταν έρθει ο κύριός του, θα τον βρει να κάνει έτσι. Σας διαβεβαιώνω ότι, θα τον κάνει επιστάτη σε όλα τα υπάρχοντά Του.

Αν, όμως, ο κακός εκείνος δούλος πει στην καρδιά του: Ο κύριός μου καθυστερεί να έρθει· και αρχίσει να δέρνει τους συνδούλους του, μάλιστα να τρώει και να πίνει με αυτούς που μεθούν, θα έρθει ο κύριος εκείνου τού δούλου σε ημέρα που δεν προσμένει, και σε ώρα που δεν ξέρει· και θα τον αποχωρίσει, και θα βάλει το μέρος του μαζί με τους υποκριτές· εκεί θα είναι το κλάμα και το τρίξιμο των δοντιών» (κατά Ματθαίο ευαγγέλιο 24:45-51)

Πρέπει να επισημάνω εδώ, ότι ο πιστός και φρόνιμος δούλος, όπως και ο κακός, μέσα σε αυτή την παραβολή, συμβολίζουν θρησκευτικούς ηγέτες μέσα στην εκκλησία, ανθρώπους που εργάζονται αποκλειστικά για τον Θεό, κληρικούς.

Όποιοι από αυτούς λοιπόν, είναι πιστοί και φρόνιμοι δούλοι του Θεού, και απόλυτα συνδεδεμένοι με την άμπελο την αληθινή, με τον Κύριο, διδάσκουν και κηρύττουν τον Λόγο του Θεού, στο ποίμνιο που ο Θεός τους εμπιστεύθηκε να ποιμάνουν, και να δίνουν την πνευματική τροφή στον καιρό της, και αυτοί επιτελούν λειτούργημα, και όχι απλά εργασία.

Υπάρχει διαφορά ανάμεσα στον δούλο και στον υπηρέτη. Ο υπηρέτης δουλεύει με σύμβαση εργασίας, για μερικές ώρες της ημέρας και μετά φεύγει. Παίρνει και ρεπό, πάει διακοπές.

Ο δούλος όμως δεν έχει ωράριο, δεν παίρνει ποτέ ρεπό, όπως και το άτομο που επιτελεί λειτούργημα, το εξήγησε ο Ιησούς Χριστός, άλλωστε στο κατά Λουκά ευαγγέλιο, στο κεφάλαιο 17:7-8.

Ο πιστός και φρόνιμος δούλος, συνεχίζει παρά τις αντίξοες συνθήκες ή την κούραση, είτε οποιωνδήποτε δυσκολιών, να κάνει το θέλημα του Θεού, και να δίνει την πνευματική τροφή στον καιρό της στο ποίμνιο που ο Θεός του εμπιστεύθηκε.

Συνεχίζει να επισκοπεί όπως ο Θεός θέλει, να αγρυπνεί για το πότε θα έρθει ο Κύριος.

Ο απόστολος Παύλος, αναφέρει για τον εαυτό του, σε πάρα πολλές από τις επιστολές του, πρώτα από όλα, ότι είναι δούλος του Θεού. «Ο Παύλος, δούλος τού Θεού, απόστολος δε του Ιησού Χριστού», «Επειδή, αν ακόμα άρεσα σε ανθρώπους, δεν θα ήμουν δούλος τού Χριστού.» (Επιστολές: προς Γαλάτες 1:10, προς Τίτο 1:1)

Όπως άλλωστε και άλλοι απο τους απόστολους, αναφέρουν στις επιστολές τους, το ίδιο. «Ο Συμεών Πέτρος, δούλος και απόστολος του Ιησού Χριστού» (Β Πέτρου επιστολή 1:1)

Μέχρι και οι αδελφόθεοι, ο Ιούδας και ο Ιάκωβος, αναφέρουν για τον εαυτό τους: «Ιούδας, δούλος τού Ιησού Χριστού», «Ο Ιάκωβος, δούλος τού Θεού και του Κυρίου Ιησού Χριστού» (Επιστολές: Ιακώβου 1:1, πρός Ιούδα 1:1)

Όλοι αυτοί, ήθελαν να μας επισημάνουν ότι, δεν ήταν απλά υπηρέτες του Θεού, δηλαδή δεν δούλευαν απλά για μερικές ώρες της ημέρας για τον Θεό, στην θέση του αποστόλου, επισκόπου και μετά πήγαιναν σε δεύτερη εργασία, ούτε ήταν αργόσχολοι, αραχτοί.

Αλλά ήταν δούλοι του Θεού, δηλαδή είχαν σαν αποκλειστική και μόνη τους εργασία, το λειτούργημα του αποστόλου, του κληρικού, του επισκόπου. Ώστε να είναι και αυτοί, αλλά και το ποίμνιο που ο Θεός τους εμπιστεύθηκε, έτοιμοι στον ερχομό Του και να μπορούν να το φυλάττουν αποτελεσματικά.

Όπως άλλωστε είχε διατάξει ο Θεός, να λειτουργεί και το ιερατείο, στην Παλαιά Διαθήκη. Είχε ζητήσει να εργάζονται αποκλειστικά και μόνο για Αυτόν. Και σε όποιον: «εργάζεται, ο μισθός δεν λογαριάζεται ως χάρη, αλλά ως χρέος» (προς Ρωμαίους επιστολή 4:4)

Όπως και ο Ιησούς Χριστός, αναφέρει όσον αφορά, αυτούς που εργάζονται αποκλειστικά για τον Θεό, ότι: «ο εργάτης είναι άξιος του μισθού του» (κατά Λουκά ευαγγέλιο 10:7)

Όμως επίσης ο Κύριος μας, όπως και ο Απόστολος Παύλος, αλλά και αλλού μέσα στην Αγία Γραφή αναφέρει, ότι υπάρχουν εκτός από τους καλούς και πιστούς δούλους του Θεού και κακοί δούλοι, κακοί εργάτες, ψευδοπροφήτες, ψευδαπόστολοι, εργάτες δόλιοι, που μετασχηματίζονται σε αποστόλους του Χριστού. (Β Κορινθίους επιστολή 11:13)

Γιατί όταν υπάρχει το κάλπικο, σημαίνει ότι υπάρχει πρώτα από όλα το αληθινό.

Ο κακός δούλος, βλέπουμε στην παραβολή, ότι δεν αγρυπνεί καθόλου, δεν προσμένει τον Θεό. Λέει μέσα στην καρδιά του, ο Κύριος μου καθυστερεί να έρθει, τόσα χρόνια ακούμε για τον ερχομό Του, αλλά δεν ήρθε ακόμα... Έχουμε καιρό, ας ζήσουμε και λίγο την ζωούλα μας. Αυτό είναι το σκεπτικό του, αυτή είναι η στάση της καρδιάς του...

Και άρχισε, όπως λέει στην παραβολή, αυτός ο κακός δούλος, να δέρνει τούς συνδούλους του. Πολλές φορές το να δέρνει κάποιος με τα λόγια του και να σε υποτιμάει είναι χειρότερο, από το να σε χτυπήσει με μπουνιές και χαστούκια. Τα άσχημα λόγια πληγώνουν την καρδιά, πιο πολύ και από το μαχαίρι, πόσο περισσότερο, όταν κακοποιείς κάποιον ή τον σκανδαλίζεις.

Άρχισε λέει να τρώει και να πίνει με αυτούς που μεθούν, όταν ο Θεός λέει ρητά στον Λόγο Του, για τους ιερείς του Θεού, ότι: «Κρασί και σίκερα δεν θα πιείτε... αυτό θα είναι αιώνιος θεσμός... Για να διακρίνετε ανάμεσα σε άγιο και βέβηλο και ανάμεσα σε ακάθαρτο και καθαρό και για να διδάσκετε (τον λαό Μου) όλα τα διατάγματα, όσα ο Κύριος μίλησε σε αυτούς..» (Λευιτικό 10:9-11)

Αναφέρει ο Απόστολος Παύλος στην επιστολή του προς τους Θεσσαλονικείς, κάτι πάρα πολύ σημαντικό: «Ο Παύλος, και ο Σιλουανός και ο Τιμόθεος, προς την εκκλησία των Θεσσαλονικέων, που είναι σε ενότητα με τον Πατέρα Θεό, και τον Κύριο Ιησού Χριστό...» (Α Θεσσαλονικείς επιστολή 1:1)

Στέλνει την επιστολή του, προς όλη την εκκλησία των Θεσσαλονικέων, δηλαδή και προς στους ηγέτες αυτής της εκκλησίας. Δεν την στέλνει σε οποιαδήποτε εκκλησία της Θεσσαλονίκης, αλλά μόνο σε αυτή, που είναι σε ενότητα με τον Πατέρα Θεό, και τον Κύριο Ιησού Χριστό. Σε αυτούς τους Χριστιανούς, σε αυτούς που εργάζονται για τον Θεό, που είναι συνδεδεμένοι με την άμπελο την αληθινή, που είναι ο Κύριος.

Γιατί πολύ απλά, υπάρχουν κακοί δούλοι, όπως και κάποιες ονομαζόμενες εκκλησίες, (κάποιοι Χριστιανοί) που δεν είναι σε ενότητα με τον Πατέρα Θεό, και τον Κύριο Ιησού Χριστό, αλλά κάνουν τα δικά τους, και ακολουθούν λάθος δρόμο.

Για αυτό ας ζητήσουμε από τον Θεό, που είναι καρδιογνώστης, να μας οδηγήσει, εκεί που βρίσκονται οι πιστοί και φρόνιμοι δούλοι Του, εκεί που βρίσκεται το σώμα του Χριστού στην γη, η εκκλησία Του, που είναι απόλυτα συνδεδεμένη με τον Κύριο, σε πλήρη ενότητα με τον Πατέρα Θεό, και τον Κύριο Ιησού Χριστό, τον Γιό Του και Αυτός θα το κάνει.

«Ο Κύριος γνωρίζει αυτούς που είναι δικοί Του, και ας απομακρυνθεί από την αδικία, καθένας που ονομάζει το όνομα του Χριστού.» (Β Τιμοθέου 2:19)

Κεφάλαιο 8: Οι δέκα παρθένες

Εδώ σε αυτό το σημείο πριν προχωρήσουμε θα ήθελα να αναφέρω, ότι όλα αυτά που γράφω μέχρι τώρα, αλλά και αυτά που θα διαβάσετε από εδώ και πέρα, είναι πνευματικά. Για αυτό και μόνο πνευματικά ανακρίνονται. Δεν μπορεί ο φυσικός άνθρωπος, το φυσικό μυαλό, όσο και αν προσπαθήσει να τα κατανοήσει, αν ο Θεός δεν του τα αποκαλύψει. (Α Κορινθίους 2:13-14)

Και συνεχίζοντας το κήρυγμα του ο Ιησούς Χριστός, στο κατά Ματθαίο ευαγγέλιο, αναφέρει διαδοχικά τρείς παραβολές, μέσα στο κεφάλαιο 25. Η πρώτη είναι η παραβολή των δέκα παρθένων που θα εξετάσουμε σε αυτό το κεφάλαιο.

«Τότε, η βασιλεία των ουρανών θα είναι όμοια με δέκα παρθένες, οι οποίες, αφού πήραν τα λυχνάρια τους, βγήκαν σε συνάντηση του νυμφίου.

Όμως, από αυτές πέντε ήσαν φρόνιμες και πέντε μωρές. Οι οποίες μωρές, αφού πήραν τα λυχνάρια τους, δεν πήραν μαζί τους λάδι, οι φρόνιμες όμως πήραν λάδι στα δοχεία τους μαζί με τα λυχνάρια τους.

Και επειδή ο νυμφίος καθυστερούσε, νύσταξαν όλες και κοιμόνταν. Στο μέσον, όμως, της νύχτας έγινε μια κραυγή. Να! ο νυμφίος έρχεται βγείτε έξω σε συνάντησή του.

Τότε σηκώθηκαν όλες εκείνες οι παρθένες, και ετοίμασαν τα λυχνάρια τους. Και οι μωρές είπαν στις φρόνιμες: Δώστε μας από το λάδι σας· επειδή τα λυχνάρια μας σβήνουν. Και οι φρόνιμες απάντησαν, λέγοντας: Μήπως και δεν φτάσει για μας και για σας· γι' αυτό, καλύτερα πηγαίνετε σ' αυτούς που πουλάνε κι αγοράστε για τον εαυτό σας.

Και ενώ έφευγαν για να αγοράσουν, ήρθε ο νυμφίος· και οι έτοιμες μπήκαν μαζί του μέσα στους γάμους, και η θύρα κλείστηκε. Και ύστερα έρχονται και οι υπόλοιπες παρθένες, λέγοντας: Κύριε, Κύριε, άνοιξέ μας.

Και εκείνος απαντώντας είπε: Σας διαβεβαιώνω, δεν σας γνωρίζω. Αγρυπνείτε, λοιπόν, επειδή δεν ξέρετε την ημέρα ούτε την ώρα, κατά την οποία έρχεται ο Υιός του ανθρώπου» (κατά Ματθαίο 25:1-13)

Το πρώτο που θα ήθελα να επισημάνω για αυτή την παραβολή είναι ότι ήταν και οι δέκα «παρθένες».

Η λέξη παρθένα συμβολίζει την αγνότητα, την καθαρότητα.

Το αίμα του Ιησού Χριστού, μας καθαρίζει από την κάθε μας αμαρτία, όταν μετανοήσουμε πραγματικά. Μας κάνει να είμαστε καθαροί και αγνοί μπροστά στον Θεό, όχι εξαιτίας της δικής μας δικαιοσύνης, αλλά εξαιτίας της σταυρικής θυσίας του Ιησού Χριστού, που πέθανε για τις αμαρτίες μας, στον σταυρό του Γολγοθά.

Ο Απόστολος Παύλος αναφέρει: «σας αρραβώνιασα με έναν άνδρα, για να σας παραστήσω αγνή παρθένα στον Χριστό» (Β Κορινθίους 11:2)

Αυτός ο άνδρας για τον οποίο αναφέρετε εδώ, σε αυτό το εδάφιο δεν είναι άλλος παρά ο ίδιος ο Ιησούς Χριστός, ο Υιός του Θεού ο Νυμφίος μας. Για αυτό ονομάζεται και νύμφη του Χριστού, η εκκλησία, το σώμα του Χριστού, το σύνολο των πραγματικά αφιερωμένων χριστιανών, πιστών στον Θεό.

Αλλού αναφέρει, μέσα στην ίδια επιστολή: «Αυτός δε που μας βεβαιώνει μαζί σας στον Χριστό, κι αυτός ο οποίος μας έχρισε, είναι ο Θεός· ο οποίος και μας σφράγισε, και μας έδωσε τον αρραβώνα τού Πνεύματος μέσα στις καρδιές μας»,

Και εκείνος που μας έπλασε γι' αυτό τον σκοπό, είναι ο Θεός, ο οποίος και μας έδωσε τον αρραβώνα τού Πνεύματος» (Β Κορινθίους 1:22, 5:5)

Τώρα έχουμε τον αρραβώνα του Πνεύματος μέσα στις καρδιές μας, είμαστε αρραβωνιασμένοι πνευματικά με τον Κύριο, τον Νυμφίο, προσωπικά ο κάθε χριστιανός. Αλλά και συλλογικά το σώμα του Χριστού στην γη, η νύμφη του Χριστού, η εκκλησία Του.

Ρεβέκκα

Στην Γένεση στο κεφάλαιο 24, αναφέρεται μία ιστορία, πού πιστεύω ότι έχει σχέση με αυτό πού διαβάσαμε, γιατί όλα όσα γράφτηκαν στην Παλαιά Διαθήκη, είναι για την νουθεσία μας και είναι παραδείγματα σε μας. (Α Κορινθίους 10:6, 11)

Ο Αβραάμ έστειλε τον δούλο του, τον επιστάτη πάνω σε όλα τα υπάρχοντα του, να πάει στους συγγενείς (του Αβραάμ) και να λάβει από εκεί γυναίκα για τον γιό του, τον Ισαάκ. Του είπε, όταν τον απέστειλε: «Ο Κύριος ο Θεός τού ουρανού... Αυτός θα αποστείλει τον άγγελό Του μπροστά σου· και θα πάρεις γυναίκα στον γιο μου από εκεί (που κατάγομαι) *και αν η γυναίκα δεν θέλει να σε ακολουθήσει, τότε θα είσαι ελεύθερος από τον όρκο μου αυτόν...» (Γένεση 24:7-8)*

Έτσι και ο Θεός αποστέλλει τούς δικούς Του δούλους, {όπως απέστειλε ο Αβραάμ, τον δούλο του} αυτούς που Αυτός έχει τοποθετήσει επιστάτες πάνω στα δικά Του υπάρχοντα και ηγέτες στο ποίμνιο Του, να κηρύξουν για τον γιό Του τον Ιησού Χριστό.

Και να αρραβωνιάσουν μαζί Του, τον κάθε ένα που ο Θεός τους φέρνει, ώστε να τους παραστήσουν αγνή παρθένα στον Χριστό.

Και ο Θεός είναι Αυτός που μας σφραγίζει και μας δίνει τον αρραβώνα του Πνεύματος μέσα στην καρδιά μας. Η σχέση αγάπης που έχουμε μαζί με τον Κύριο, καθώς Τον γνωρίζουμε συνεχώς περισσότερο, είναι σαν σφραγίδα μέσα στην καρδιά μας.

«Και ο δούλος (του Αβραάμ) αφού σηκώθηκε.... πήγε στη Μεσοποταμία, στην πόλη τού Ναχώρ. Και γονάτισε τις καμήλες έξω από την πόλη κοντά στο πηγάδι του νερού, προς το δειλινό... Και είπε: Κύριε Θεέ... δες, εγώ στέκομαι κοντά στην πηγή τού νερού· και οι θυγατέρες των κατοίκων της πόλης βγαίνουν, για να αντλήσουν νερό· και η κόρη στην οποία θα πω:

Γύρε τη στάμνα σου, παρακαλώ, για να πιω, κι αυτή θα πει: Πιες, και θα ποτίσω και τις καμήλες σου, αυτή ας είναι εκείνη, την οποία ετοίμασες στον δούλο σου τον Ισαάκ· και από αυτό θα γνωρίσω ότι έκανες έλεος στον κύριό μου. Και πριν αυτός σταματήσει να μιλάει, να, έβγαινε η Ρεβέκκα... Και τρέχοντας ο δούλος σε συνάντησή της, είπε: Πότισέ με, παρακαλώ, λίγο νερό από τη στάμνα σου. Κι εκείνη είπε: Πιες, κύριέ μου.

Και αφού έπαυσε να τον ποτίζει, είπε: Και για τις καμήλες σου θα αντλήσω, μέχρις ότου πιουν όλες. Κι αμέσως άδειασε τη στάμνα της στην ποτίστρα, και έτρεξε ακόμα στο πηγάδι για να αντλήσει και άντλησε για όλες τις καμήλες του» (Γένεση 24:10-20)

Η Ρεβέκκα κινήθηκε εντελώς αυθόρμητα, μέσα από το περίσσευμα που είχε στην καρδιά της, με τον τρόπο που λειτουργούν όλοι οι άνθρωποι που είναι πραγματικά πιστοί στον Θεό.

Δηλαδή όχι απλά προσφέρουν νερό σε αυτόν που διψάει και δίνουν φαγητό σε αυτόν που πεινάει, αλλά του ποτίζουν και τις καμήλες του...

Αφού λοιπόν πρώτα η Ρεβέκκα, έδωσε νερό στον δούλο του Αβραάμ και πότισε και τις δέκα καμήλες του, έβγαλε ο δούλος κάποιους από τους θησαυρούς που του είχε δώσει ο Αβραάμ, για να δώσει σαν δώρο στην νύφη που θα έβρισκε για τον Ισαάκ και της τα έδωσε. Της έδωσε κοσμήματα από χρυσάφι, βάρους δέκα σίκλων. (Γένεση 24:22)

Αυτό άλλωστε δίδαξε και ο Ιησούς Χριστός, όταν είπε, να δίνουμε και τότε θα μας δοθεί, επειδή με το μέτρο που μετράμε και δίνουμε (και βοηθάμε τους άλλους), με αυτό το ίδιο μέτρο θα αντιμετρηθεί σε μας και θα μας δοθεί.

«Επειδή, όποιος σας ποτίσει ένα ποτήρι κρύο νερό στο όνομά Μου, για τον λόγο ότι είστε τού Χριστού, σας διαβεβαιώνω, δεν θα χάσει τον μισθό του» (Ευαγγέλια: κατά Μάρκο 9:41, κατά Λουκά 6:38)

Ένα άλλο πάρα πολύ σημαντικό σημείο, στην ιστορία με την Ρεβέκκα, είναι αυτό: «Και κάλεσαν τη Ρεβέκκα, και της είπαν: «Πηγαίνεις με τούτο τον άνθρωπο; Κι εκείνη είπε: Πηγαίνω». (Γένεση 24:58)

Δηλαδή με λίγα λόγια, την ρώτησε η οικογένεια της, πηγαίνεις με τούτο τον δούλο του Αβραάμ, που μόλις τώρα τον είδες και τον γνώρισες. Τον οποίο δεν τον ξέρεις και τόσο καλά. Πηγαίνεις για να παντρευτείς τον Ισαάκ, τον γιό του Αβραάμ, τον οποίο δεν έχεις δει ποτέ σου από κοντά; Τον οποίο δεν τον γνωρίζεις πως είναι; Αυτή ουσιαστικά ήταν η ερώτηση που της έκαναν και αυτή απάντησε: «πηγαίνω». Γιατί της είχε μιλήσει ήδη ο Θεός, για τον Ισαάκ και αυτή πίστεψε σε αυτό που της είπε.

Αυτό είναι πίστη Θεού, το να μην στηρίζεσαι σε αυτά που βλέπεις με τα φυσικά σου μάτια, αλλά σε αυτά που σου λέει ο Θεός, και ας μην φαίνονται στον ορίζοντα, και ας μην τα βλέπεις ακόμα μπροστά σου.

Ο Θεός είπε να γίνει φώς επάνω στην γη, όταν το μόνο που έβλεπε να υπάρχει ήταν σκοτάδι και ερημιά. Και μας δημιούργησε σύμφωνα με τη δική Του εικόνα, και ομοίωση (όπως είδαμε). Ο Ιησούς δίδαξε, να έχουμε πίστη Θεού, δηλαδή το είδος της πίστης που ο Θεός έχει. (κατά Μάρκο 11:22, Γένεση 1:1-3,26)

Έτσι όλοι αυτοί που είναι πραγματικοί χριστιανοί, ας μην έχουν δει ποτέ τους από κοντά τον Κύριο Ιησού Χριστό, ας μην Τον γνωρίζουν πολύ καλά, απλά μόνο ακούγοντας ή διαβάζοντας για Αυτόν μέσα στην Αγία Γραφή, πιστεύουν ότι υπάρχει, ότι είναι αναστημένος, πράττουν τις εντολές Του και Τον ακολουθούν, όπως επίσης και τους πραγματικούς πιστούς δούλους του Θεού, στο ταξίδι της χριστιανικής ζωής, στον δρόμο προς τον ουρανό, εκεί που θα γνωρίσουν τον Νυμφίο από κοντά και θα Τον δουν πρόσωπο προς πρόσωπο.

Τώρα έχοντας μόνο τον αρραβώνα του Πνεύματος μέσα στις καρδιές τους. Τότε όμως γνωρίζοντάς Τον και παίρνοντας μέρος στον γάμο του Αρνίου. Για αυτό λέει ο απόστολος Παύλος, ότι ο δίκαιος, θα ζήσει με πίστη. (Ρωμαίους 1:17)

«Και καθώς η Ρεβέκκα ύψωσε τα μάτια της, είδε τον Ισαάκ και πήδηξε από την καμήλα... Και ο Ισαάκ... πήρε τη Ρεβέκκα και έγινε γυναίκα του και την αγάπησε» (Γένεση 24:64, 67)

Γάμους

Ίσως θα προσέξατε και εσείς, μέσα στην παραβολή των δέκα παρθένων, ότι: ένας είναι ο Νυμφίος και πολλές οι παρθένες, «δέκα» αναφέρει συμβολικά. Επίσης σημαντικό να επισημάνουμε ότι δεν μιλάει για έναν γάμο, αλλά για γάμους (στον πληθυντικό).

Ήρθε ο νυμφίος· και οι έτοιμες (οι φρόνιμες παρθένες) μπήκαν μαζί Του μέσα στους γάμους. Και σε μια άλλη παραβολή είπε ο Ιησούς Χριστός επίσης: «Η βασιλεία των ουρανών ομοιώθηκε με έναν άνθρωπο βασιλιά, που έκανε γάμους στον γιο του...» (κατά Ματθαίο ευαγγέλιο 22:2)

Ο λόγος που γράφει γάμους, και όχι γάμο, όπως είναι γραμμένο, για τον γάμο στην Κανά, ή για τον γάμο του Αρνίου, σε όλα τα εδάφια που το αναφέρει μέσα στην Αγία Γραφή, είναι γιατί η σχέση που ο Θεός έχει μαζί μας, είναι καθαρά προσωπική.

Για αυτό με τον καθένα μας, που του έχει δώσει τον αρραβώνα του Πνεύματος μέσα στην καρδιά του, θα έρθει η στιγμή που θα γίνει «πνευματικός γάμος», δηλαδή θα γίνει η απόλυτη ένωση μαζί Του.

Ο γάμος μας με τον Κύριο Ιησού Χριστό, τον Νυμφίο, θα είναι κάτι το πνευματικό και πολύ προσωπικό, που θα λάβει χώρα στην ζωή του κάθε πραγματικού χριστιανού και δεν έχει καμία μα καμία σχέση αυτό, με τίποτα το σαρκικό.

Αυτό για τον καθένα μας θα είναι εντελώς προσωπικό στην σχέση μας με τον Θεό, πρόκειται όμως να έχει και συλλογική απήχηση για ολόκληρο το σώμα του Χριστού, την νύμφη Του, την εκκλησία Του «σαν γάμος του Αρνίου». Όπου η νύμφη του Χριστού θα παντρευτεί τον Νυμφίο, τον Κύριο. (Αποκάλυψη του Ιωάννη 19:7)

Καθώς είμαστε κομμάτι του σώματος του Χριστού,

σαν πέτρες ζωντανές οικοδομούμαστε ως πνευματικός οίκος, και είμαστε μέρος της νύμφης του Χριστού. (Α' Πέτρου επιστολή 2:5)

Στην παραβολή των δέκα παρθένων, ο Ιησούς Χριστός απεικονίζει, την έννοια του αρραβώνα και του γάμου, όπως γίνονταν στο Ισραήλ. Όπου πρώτα αρραβωνιάζονταν το ζευγάρι και ύστερα μόλις ο Νυμφίος ετοίμαζε τόπο για να ζήσουν, ερχόταν να παραλάβει την Νύμφη, στο δικό τους πλέον σπίτι και να παντρευτούν. «Και αφού πάω και σας ετοιμάσω τόπο, έρχομαι πάλι, και θα σας παραλάβω κοντά σε Μένα, για να είστε κι εσείς, όπου είμαι Εγώ». (κατά Ιωάννη ευαγγέλιο 14:3)

Αυτό είπε ο Ιησούς Χριστός, στους μαθητές Του τότε, και το λέει και σε όλους μας, σήμερα. Μας έχει δώσει λοιπόν τον αρραβώνα του Πνεύματος, και περιμένουμε πότε θα έρθει να μας παραλάβει, στο δικό μας πλέον σπίτι, στον ουρανό, που θα γίνει και ο γάμος του Αρνίου.

Κεφάλαιο 9: Φρόνιμες και Μωρές

Ένα άλλο σημείο που θα ήθελα να επισημάνω, όσον αφορά την παραβολή των δέκα παρθένων είναι ο διαχωρισμός που ο Ιησούς Χριστός έκανε ανάμεσα στις φρόνιμες και στις μωρές παρθένες.

Αναφέρει ότι οι μεν φρόνιμες καθώς πήραν τα λυχνάρια τους πήραν και λάδι μαζί τους μέσα στα δοχεία τους, ενώ οι μωρές δεν πήραν λάδι μαζί τους, πήραν μόνο τα λυχνάρια τους.

Τι να σημαίνουν άραγε όλα αυτά; Τι να συμβολίζει το λυχνάρι; Τι να είναι άραγε το λάδι; Όλες οι απαντήσεις βρίσκονται μέσα στην Αγία Γραφή. Εκεί λοιπόν γράφει, ότι: «Λύχνος τού Κυρίου είναι το πνεύμα τού ανθρώπου, το οποίο διερευνά όλα τα ενδόμυχα της καρδιάς».

Το λυχνάρι του Κυρίου λοιπόν, είναι μέσα στο σώμα μας και είναι το πνεύμα τού ανθρώπου. Το Πνεύμα του Θεού κατοικεί μέσα μας και συμμαρτυρεί με το πνεύμα του ανθρώπου που είναι και αυτό μέσα μας, ότι είμαστε παιδιά του Θεού. (προς Ρωμαίους 8:16, Ζαχαρίας 12:1, Παροιμίες 18:14. 20:27)

Αλλά επίσης, και σε κάθε τι που μας μιλάει και οδηγεί ο Θεός, πρέπει να υπάρχει εσωτερική συμμαρτυρία, του πνεύματος του ανθρώπου, με το Πνεύμα του Θεού, ότι έτσι πρέπει να γίνει ή ότι αυτό πρέπει να κάνουμε. Με αυτό τον τρόπο ο Θεός οδηγεί τα παιδιά τα δικά Του. (περισσότερα, σε ένα από τα επόμενα βιβλία μου)

Ο Ιησούς Χριστός είπε ότι, εμείς είμαστε το φώς του κόσμου, εμείς ακτινοβολούμε αυτό που έχουμε μέσα μας στον κόσμο αυτό. Ας αφήσουμε λοιπόν να λάμψει το φώς μας, μπροστά στους ανθρώπους και ας μην το κρύβουμε. Το φώς της Λυχνίας μας. Έτσι μόνο θα μπορέσουν να δουν τα καλά μας έργα και να γνωρίσουν και αυτοί τον Θεό και να Τον δοξάσουν. (κατά Ματθαίο ευαγγέλιο 5:14-16)

Αλλού δίδαξε ότι: «Το λυχνάρι τού σώματος είναι το μάτι· όταν, λοιπόν, το μάτι σου είναι καθαρό, και το σώμα ολόκληρο είναι φωτεινό, όταν όμως, είναι πονηρό, και το σώμα σου είναι σκοτεινό.

Πρόσεχε, λοιπόν, μη τυχόν το φως, που είναι μέσα σου, είναι σκοτάδι. Αν, λοιπόν, ολόκληρο το σώμα σου είναι φωτεινό, μη έχοντας κάποιο σκοτεινό μέρος, θα είναι ολόκληρο φωτεινό, όπως όταν το λυχνάρι με τη λάμψη του σε φωτίζει» (κατά Λουκά 11:34-36)

Το λυχνάρι του σώματος είπε ο Ιησούς Χριστός, ότι φαίνεται από τα μάτια του ανθρώπου, αν αυτό που έχει μέσα του ο άνθρωπος είναι καθαρότητα και το μάτι του θα είναι καθαρό και όλο το σώμα του θα φωτίζει το φως του Κυρίου.

Όταν όμως τα μάτια του ανθρώπου είναι πονηρά, όλο το σώμα του είναι σκοτεινό. Να προσέχουμε λοιπόν, συνεχίζει, μήπως το φώς που νομίζουμε ότι έχουμε μέσα μας, είναι τελικά σκοτάδι.

Όπως ο κριτής Σαμψών νόμιζε ότι είναι ο Θεός μαζί

του και δεν γνώρισε ότι ο Κύριος, είχε απομακρυνθεί από αυτόν.
Ο Θεός δεν μπορεί να συνεχίσει να είναι μαζί μας, όταν έχουμε επιλέξει να ακολουθούμε την αμαρτία. Ο κριτής Σαμψών ήθελε τον Θεό, αλλά ήθελε και να πηγαίνει με γυναίκες. Ήθελε τον Θεό, αλλά ήθελε και την αμαρτία. Για αυτό τυφλώθηκε. (Κριτές 16:20-21)
Οι Φιλισταίοι, οι εχθροί του, του έβγαλαν τα μάτια και τον φυλάκισαν (αν διαβάσετε στο εδάφιο 21). Γιατί είχε το ένα πόδι στον Θεό και το άλλο πόδι στην αμαρτία, που ο εχθρός κυριαρχεί.
Ή θα είσαι με τον Θεό λοιπόν, ή θα είσαι με την αμαρτία, δεν μπορείς να παίζεις σε δύο ταμπλό ταυτοχρόνως, είναι επικίνδυνο. Είναι παράδειγμα για μας ο κριτής Σαμψών, για να ξέρουμε ότι, όλοι όσοι ακολουθούν τον δρόμο της αμαρτίας, ουσιαστικά πηγαίνουν στην μεριά που κυριαρχεί ο εχθρός της ψυχής τους, ο διάβολος, και τυφλώνονται πνευματικά.

Και οι δέκα παρθένες, πήραν τα λυχνάρια τους. Και στις δέκα ήρθε το Πνεύμα του Θεού και κατοίκησε μέσα τους. Και οι δέκα περίμεναν τον ερχομό του Κυρίου Ιησού Χριστού, ονομάζονταν «Χριστιανές». Όμως τι το διαφορετικό είχαν; Ποιά η διαφορά;
Οι φρόνιμες παρθένες πήραν λάδι στα δοχεία τους μαζί τους, ενώ οι μωρές δεν πήραν. Πήραν τα λυχνάρια τους, αλλά όχι και τα σύνεργα που θα διατηρούσαν την φλόγα αναμμένη για μεγάλο χρονικό διάστημα.
Υπάρχουν πάρα πολλά είδη λυχναριών. Τα λυχνάρια και τα καντήλια χρειάζονται καθημερινή φροντίδα, για να είναι πάντοτε αναμμένα.
Πρέπει να καθαρίζεις την επιφάνεια του λαδιού κάθε μέρα, γιατί πέφτουν πάρα πολλές φορές διάφορα

μικρά έντομα, επάνω στην φλόγα, που είναι αναμμένη και από το φώς καίγονται και μετά πλέουν νεκρά μέσα στο λάδι.

Χρειάζεται επίσης καθημερινά να προσθέτεις λάδι φρέσκο, γιατί καίγεται το λάδι σιγά-σιγά και κατεβαίνει η στάθμη του.

Όπως και καθημερινά πρέπει να αλλάζεις το φυτίλι με καινούργιο, πετώντας το παλιό που έχει καεί. Είναι λοιπόν μία διαδικασία την οποία καθημερινά πρέπει να κάνεις, για να παραμείνει το λυχνάρι σου, το καντήλι σου αναμμένο και να μην σβήσει.

Και όλα αυτά έχουν πνευματική σημασία στην ζωή του κάθε Χριστιανού. Γιατί πρέπει καθημερινά να τρώμε πνευματική τροφή, το «φρέσκο μάννα» δηλαδή να μελετάμε ή να ακούμε τα λόγια του Θεού, την Αγία Γραφή, για να παραμείνουμε ζωντανοί πνευματικά.

Χρειαζόμαστε, «νερό καθαρό» για να πλενόμαστε και να καθαριζόμαστε, «από κάθε μολυσμό σαρκός και πνεύματος», για να είμαστε «λουσμένοι το σώμα με καθαρό νερό», που είναι ο Λόγος του Θεού.

Λέει ο Θεός: «Και θα ράνω επάνω σας καθαρό νερό, και θα καθαριστείτε· από όλες τις ακαθαρσίες σας, και από όλα τα είδωλά σας, θα σας καθαρίσω.»

Και ο Ιησούς, επίσης είπε ότι: «Τώρα, εσείς είστε καθαροί, εξαιτίας του λόγου που σας μίλησα». Γιατί ο Λόγος του Θεού καθαρίζει.

Έτσι, το φώς της λυχνίας μας, θα μπορεί να ακτινοβολεί και θα παραμείνει αναμμένο, μέσα στο σκοτάδι. (Β Κορινθίους 7:1, Εβραίους 10:23, Ιεζεκιήλ 36:25, Ιωάννη 15:3)

Χρειαζόμαστε επίσης «φρέσκο λάδι» ή αλλιώς το χρίσμα, που έρχεται μόνο από μία πηγή, από τον ίδιο τον Θεό όταν περπατάμε με δικαιοσύνη και ζούμε *με καθαρότητα και αγιασμό, εκζητώντας Τον. Όπως αναφέρει ο ψαλμωδός Δαβίδ για τον εαυτό του, σε έναν από τους Ψαλμούς του: «άλειψες το κεφάλι μου, με λάδι· το ποτήρι μου ξεχειλίζει» (Ψαλμός 23:5)*

Για τον Κύριο Ιησού Χριστό, είναι γραμμένο επίσης, ότι: «Αγάπησες δικαιοσύνη και μίσησες ανομία γι' αυτό, ο Θεός, ο Θεός σου, (ο Πατέρας Θεός) σε έχρισε με λάδι αγαλλίασης περισσότερο από τους μετόχους σου» (προς Εβραίους επιστολή 1:9)

Τώρα κοιτώντας ξανά την παραβολή, ο λόγος που είπε ο Νυμφίος στις μωρές παρθένες ότι δεν τις γνωρίζει, ήταν γιατί απλά δεν είχαν σχέση μαζί Του. Δεν ξόδεψαν ποτέ χρόνο να μελετήσουν τα Λόγια Του (την Αγία Γραφή), ή χρόνο στα πόδια Του, όπως η Μαρία, για να ακούσουν και να μάθουν από Αυτόν που είναι πράος και ταπεινός, ώστε να Τον γνωρίσουν. (κατά Λουκά 10:39)

Όπως διαβάσατε ήδη στο κεφάλαιο 4, αυτό που είπε ο Ιησούς ότι, δεν θα μπει μέσα στη βασιλεία των ουρανών καθένας που Του λέει απλά Κύριε Κύριε και δεν πράττει το θέλημα του Πατέρα Του, του ουράνιου. Έτσι και εδώ επίσης σε αυτή την παραβολή όπως είδαμε, αναφέρει ότι θα Του πουν, Κύριε, Κύριε, άνοιξέ μας και εκείνος θα τους απαντήσει, ότι δεν τους γνωρίζει.

Οπότε σαν συμπέρασμα όλων αυτών είναι πάρα πολύ σημαντικό, όπως έγραψα και στην αρχή του βιβλίου, να προσκαλέσουμε τον Θεό μέσα στην ζωή μας, για να Τον γνωρίσουμε και επίσης να πράττουμε το θέλημα του Πατέρα του ουράνιου.

Γιατί μόνο τότε θα μπορέσουμε να μπούμε μέσα στη βασιλεία των Ουρανών, μέσα στους γάμους και να κατοικήσουμε αιώνια μαζί Του.

«Εκείνος που έχει τις εντολές Μου, και τις φυλάττει, εκείνος είναι που με αγαπάει, και εκείνος που με αγαπάει, θα αγαπηθεί από τον Πατέρα Μου, και Εγώ θα τον αγαπήσω, και σ' αυτόν θα φανερώσω τον εαυτό Μου» (κατά Ιωάννη ευαγγέλιο 14:15, 21)

Είναι Αυτός που φανερώνει τον εαυτό Του σε μας, καθώς εμείς πρώτα του ανοίγουμε την πόρτα, να έρθει μέσα στην ζωή μας και υπακούγοντας, φυλάττουμε τις εντολές Του.

Αυτό που με λίγα λόγια είπε ο Ιησούς είναι, αν με αγαπάτε πραγματικά, θα φυλάξετε τις εντολές Μου, τα δικά Μου λόγια. Δεν θα κάνετε αυτά που δεν μου αρέσουν, αυτά που μισώ, αλλά θα κάνετε αυτά που μου αρέσουν και αγαπώ.

Όχι απλά μόνο με λόγια δηλαδή, αλλά με έργα. Δεν μπορεί να λες ότι αγαπάς κάποιον πραγματικά και να μην σέβεσαι την προσωπικότητα του, την δική του γνώμη, για το ποια πράγματα του αρέσουν ή τον ενοχλούν. Έτσι είναι και με την σχέση μας με τον Θεό, αν Τον αγαπάς πραγματικά, θα κάνεις αυτά που Του αρέσουν.

Καθώς λοιπόν οι δέκα παρθένες περίμεναν τον Νυμφίο, πού είχε καθυστερήσει να έρθει, ακούστηκε μια φωνή: «να ο νυμφίος έρχεται. Τότε, σηκώθηκαν όλες εκείνες οι παρθένες και ετοίμασαν τα λυχνάρια τους. Και οι μωρές είπαν στις φρόνιμες: Δώστε μας από το λάδι σας επειδή, τα λυχνάρια μας σβήνουν.

Και οι φρόνιμες απάντησαν, λέγοντας: Μήπως και δεν φτάσει για μας και για σας· γι' αυτό, καλύτερα πηγαίνετε σε αυτούς που πουλάνε, κι αγοράστε για τον εαυτό σας» (κατά Ματθαίο 25:6-9)

Εμείς δεν μπορούμε να αποκαλύψουμε τον Λόγο

του Θεού σε κανένα, δεν μπορούμε να δώσουμε από το λάδι μας σε κανένα. Αυτά μόνο ο Θεός μπορεί να τα κάνει, ο Δημιουργός μας, μόνο Αυτός μπορεί να προσθέσει στην ζωή μας αποκαλύψεις, να μας δώσει φρέσκο μάννα. Αυτός είναι πού μπορεί και αγγίζει τις καρδιές.

Ένα τελευταίο σημείο σε αυτή την παραβολή, που θα ήθελα να δούμε είναι αυτό που είπαν οι φρόνιμες στις μωρές. Πηγαίνετε σ' αυτούς που πουλάνε κι αγοράστε για τον εαυτό σας.

Τι άραγε να σημαίνει αυτό; Το λάδι πωλείται; Και αν ναι, σε ποιο κατάστημα; Ποιοί είναι αυτοί που το πουλάνε, ώστε να μπορέσουμε και εμείς να πάμε να το προμηθευτούμε;

Είναι πάρα πολύ σημαντικό να πούμε εδώ, ότι έρχεται «το λάδι» μέσα από τους πιστούς και φρόνιμους δούλους του Θεού, που ο Αυτός τους πρόσταξε να δώσουν την πνευματική τροφή στον καιρό της, στον λαό Του και δεν αγοράζεται με λεφτά.

«Όλοι εσείς που διψάτε, ελάτε στα νερά και όσοι δεν έχετε ασήμι, ελάτε αγοράστε και φάτε· ναι, ελάτε αγοράστε κρασί και γάλα, χωρίς ασήμι και χωρίς τιμή» (Ησαΐας 55:1)

Ο Απόστολος Παύλος όπως έχω προαναφέρει και στον πρόλογο του βιβλίου, είπε για τον εαυτό του, ότι ο Θεός του εμπιστεύθηκε το κήρυγμα το οποίο κήρυττε και που το διαβάζουμε μέσα στις επιστολές του. Έτσι και σήμερα (όπως και σε κάθε γενεά) σε αυτούς τους καθορισμένους από τον ίδιο τον Θεό καιρούς που ζούμε, των εσχάτων ημερών, ο Θεός εξακολουθεί να χρησιμοποιεί τους δικούς Του πιστούς και φρόνιμους δούλους, για να μας φανερώσει τον Άγιο Λόγο Του.

Σε άλλη μία επίσης επιστολή του, αναφέρει ότι: «δοκιμαστήκαμε από τον Θεό για να μας εμπιστευθεί το ευαγγέλιο» (Α Θεσσαλονικείς 2:4)

Και όταν μιλάω για δοκιμασία, δεν εννοώ αρρώστια, που νομίζουν μερικοί, αλλά ότι σε δοκιμάζει ο Θεός, για να δει αν είσαι ολοκληρωτικά μαζί Του, για να μπορεί να σε εμπιστευθεί. Όπως για παράδειγμα, πρώτα περνάς εξετάσεις οδήγησης αυτοκινήτου, και ύστερα μπορείς να πάρεις το δίπλωμα, και να οδηγείς νόμιμα.

● ≈≈≈≈≈≈≈≈≈≈≈≈≈≈≈≈≈≈≈≈≈≈≈≈≈ ●

Πίνακας: Ο Φρόνιμος και ο Άφρονας

Ύστερα από ότι εξετάσαμε μέχρι τώρα, όσον αφορά τον διαχωρισμό ανάμεσα σε φρόνιμους και μωρούς, είναι σημαντικό να γνωρίζουμε ότι το θέλημα του Θεού, για τον καθένα μας είναι, να μην είμαστε μωροί, αλλά φρόνιμοι. Να περπατάμε με φρόνηση προς τους έξω, εξαγοραζόμενοι τον καιρό.

Για αυτό μας λέει: «πρόσεχε στη σοφία Μου, στρέφε το αυτί σου στη σύνεσή Μου· για να τηρείς φρόνηση και τα χείλη σου να φυλάττουν γνώση» (Παροιμίες 5:1-2, προς Κολοσσαείς 4:5)

Άκουσε τα λόγια του Θεού, δίνοντας τους προσοχή, για να περπατάς με φρόνηση και να μιλάς με γνώση. Προσεύχου και ζήτησε από τον Θεό να σε διδάξει φρόνηση και γνώση επειδή, πιστεύεις στα προστάγματά Του. (Ψαλμός 119:66)

Ας δούμε τώρα μέσα από το βιβλίο των Παροιμιών, που έγραψε ο βασιλιάς Σολομώντας, που ήταν ο πιο σοφός άνθρωπος στην γη, τι επιπλέον χαρακτηριστικά έχουν οι φρόνιμες και οι μωρές / άφρονες παρθένες, πως λειτουργούν και τι έχουν μέσα στην καρδιά τους.

Φρόνιμοι

Η καρδιά εκείνου που έχει φρόνηση αποκτάει σύνεση. (κεφ. 18:15)

Αυτός που έχει φρόνηση, προβλέπει το κακό, και κρύβεται. (κεφ. 22:3)

Περισσότερο τύπτει ο έλεγχος τον φρόνιμο. (κεφ.17:10)

Ο φρόνιμος άνθρωπος σκεπάζει γνώση. (κεφ. 12:23)

Ο φρόνιμος άνθρωπος σιωπά. (κεφ. 11:12)

Ο φρόνιμος σκεπάζει το όνειδός του. (κεφ. 12:16)

Η φρόνηση του ανθρώπου συστέλλει τον θυμό του. (κεφ. 19:11)

Αυτός που φυλάττει τον έλεγχο, είναι φρόνιμος. (κεφ. 15:5)

Ο μακρόθυμος έχει μεγάλη φρόνηση (κεφ. 14:29)

Η σοφία τού φρόνιμου είναι να γνωρίζει τον δρόμο του. (κεφ. 14:8)

Ο φρόνιμος προσέχει στα βήματά του. (κεφ. 14:15)

Ο σοφός άνθρωπος έχει δύναμη, και ο φρόνιμος άνθρωπος αυξάνει τη δύναμη. (κεφ. 24:5)

Ο σοφός στην καρδιά θα ονομάζεται φρόνιμος. (κεφ. 16:21)

Κάθε φρόνιμος ενεργεί με γνώση. (κεφ. 13:16)

Οι φρόνιμοι στεφανώνονται με σύνεση. (κεφ. 14:18)

Μωροί - Άφρονες

Όποιος μισεί τον έλεγχο, είναι άφρονας. *(κεφ. 12:1)*

Η μωρία των αφρόνων είναι αποπλάνηση. *(κεφ. 14:8)*

Οι άφρονες καταφρονούν τη σοφία και τη διδασκαλία. *(κεφ. 1:7)*

Οι άφρονες, όμως, προχωρούν και τιμωρούνται. *(κεφ. 22:3)*

Η μελέτη της αφροσύνης είναι αμαρτία. *(κεφ. 24:9)*

Η καρδιά των αφρόνων διακηρύττει μωρία. *(κεφ. 12:23)*

Ο άφρονας φανερώνει αμέσως την οργή του. *(κεφ. 12:16)*

Ο άφρονας ξεσκεπάζει μωρία. *(κεφ. 13:16)*

Οι άφρονες κληρονομούν μωρία. *(κεφ. 14:18)*

Σε στόμα άφρονα είναι η ράβδος της υπερηφάνειας. *(κεφ. 14:3)*

Ο οξύθυμος ανασηκώνει την αφροσύνη του. *(κεφ. 14:29)*

Παρά εκατό μαστιγώματα τον άφρονα. *(κεφ. 17:10)*

Τα χείλη τού άφρονα μπαίνουν σε φιλονικίες και το στόμα του προσκαλεί ραπίσματα. *(κεφ. 18:6)*

Ο δρόμος τού άφρονα είναι σωστός στα μάτια του · ενώ εκείνος που ακούει συμβουλές είναι σοφός. *(κεφ.12:15)*

Η αποστασία των μωρών θα τους θανατώσει, και η αμεριμνησία των αφρόνων θα τους αφανίσει. *(κεφ.1:32)*

Κεφάλαιο 10: Η παραβολή των ταλάντων

Μετά ακριβώς από το τέλος της παραβολής των δέκα παρθένων, συνεχίζει ο Ιησούς Χριστός την διδασκαλία Του, {στο ίδιο κεφάλαιο}, λέγοντας την παραβολή των ταλάντων:

«Επειδή θα έρθει σαν ένας άνθρωπος ο οποίος προκειμένου να αποδημήσει, κάλεσε τους δούλους Του και τους παρέδωσε τα υπάρχοντά Του και σε έναν μεν έδωσε πέντε τάλαντα, σε άλλον δε δύο και σε άλλον ένα, σε κάθε έναν σύμφωνα με τη δική του ικανότητα κι αμέσως αποδήμησε.

Εκείνος δε που πήρε τα πέντε τάλαντα πήγε, και δουλεύοντας μ' αυτά, έκανε άλλα πέντε τάλαντα. Το ίδιο και εκείνος που πήρε τα δύο, κέρδισε κι αυτός άλλα δύο. Εκείνος δε που πήρε το ένα, πήγε και έσκαψε στη γη, και έκρυψε το ασήμι τού κυρίου του.

Και μετά από πολύ καιρό έρχεται ο κύριος εκείνων των δούλων. Και κάνει λογαριασμό μαζί τους.

Και όταν ήρθε αυτός που πήρε τα πέντε τάλαντα, παρουσίασε άλλα πέντε τάλαντα λέγοντας: Κύριε, πέντε τάλαντα μου παρέδωσες δες, με βάση αυτά κέρδισα άλλα πέντε. Και ο κύριός του είπε σ' αυτόν:

Εύγε, δούλε αγαθέ, και πιστέ· στα λίγα φάνηκες πιστός, επάνω σε πολλά θα σε καταστήσω· μπες μέσα στη χαρά τού κυρίου σου.

Και καθώς ήρθε κοντά και εκείνος που πήρε τα δύο τάλαντα, είπε: Κύριε, δύο τάλαντα μου παρέδωσες· δες, με βάση αυτά κέρδισα άλλα δύο τάλαντα. Και ο κύριός του είπε σ' αυτόν: Εύγε, δούλε αγαθέ, και πιστέ· στα λίγα φάνηκες πιστός, επάνω σε πολλά θα σε καταστήσω· μπες μέσα στη χαρά τού κυρίου σου.

Και καθώς ήρθε κοντά και εκείνος που πήρε το ένα τάλαντο, είπε: Κύριε σε γνώρισα ότι είσαι σκληρός άνθρωπος, θερίζοντας όπου δεν έσπειρες, και μαζεύοντας από όπου δεν διασκόρπισες· και επειδή φοβήθηκα, πήγα και έκρυψα το τάλαντό σου μέσα στη γη· δες, έχεις το δικό σου.

Και ο κύριός του, απαντώντας, είπε σ' αυτόν: Πονηρέ δούλε και οκνηρέ, ήξερες ότι θερίζω όπου δεν έσπειρα, και μαζεύω απ' όπου δεν διασκόρπισα· έπρεπε, λοιπόν, να βάλεις το ασήμι μου στους τραπεζίτες· και όταν ερχόμουν εγώ, θα έπαιρνα το δικό μου μαζί με τόκο.

Πάρτε, λοιπόν, από αυτόν το τάλαντο, και δώστε το σ' αυτόν που έχει τα δέκα τάλαντα. Επειδή, σε όποιον έχει, θα δοθεί, και θα του περισσεύσει· και από αυτόν που δεν έχει, και εκείνο που έχει, θα αφαιρεθεί από αυτόν. Και τον αχρείο δούλο ρίξτε τον στο εξώτερο σκοτάδι· εκεί θα είναι το κλάμα και το τρίξιμο των δοντιών» (κατά Ματθαίο 25:14-30)

Αυτός ο άνθρωπος που αναφέρει στην παραβολή αυτή ο Ιησούς, που σύμφωνα με την ικανότητα του καθένα μας, μας παρέδωσε τα υπάρχοντα τα δικά Του, αυτά που Του ανήκουν και που είναι ο νόμιμος ιδιοκτήτης, δεν είναι άλλος από τον ίδιο.

Και σε άλλον έδωσε πέντε τάλαντα, σε άλλον δύο,

γιατί μέχρι τόσα είχε την ικανότητα να διαχειριστεί και σε άλλον ένα. Τι έχουμε λοιπόν, που δεν το έχουμε λάβει από τον Θεό; Όλα Αυτός μας τα έδωσε, ζωή, χαρίσματα, χρήματα, ακίνητα, ταλέντα, υγεία, παιδιά και τα πάντα.

Τι όμως κάνουμε με αυτά που λάβαμε από Εκείνον; Ιδού το ερώτημα. Τα χρησιμοποιούμε ή τα θάβουμε;

Όπως ο Αβραάμ έκανε στα δικά του τα παιδιά, έτσι κάνει και ο ίδιος ο Θεός στα δικά Του παιδιά. «Και ο Αβραάμ έδωσε όλα τα υπάρχοντά του στον γιό του, τον Ισαάκ. Στους γιους όμως, των παλλακών του, ο Αβραάμ έδωσε χαρίσματα...» (Γένεση 25:5-6)

Μόνο στους γιούς και στις θυγατέρες της υπόσχεσης, (όπως ήταν και ο Ισαάκ) δηλαδή μόνο σε όλους αυτούς που κάνουν το δικό Του θέλημα και Τον ακολουθούν υπακούοντας στις εντολές Του, μένοντας μαζί Του, τους έχει δώσει όλα τα υπάρχοντά Του και θα τους δώσει όλη την κληρονομιά Του.

Σε όλους τους άλλους, δηλαδή αυτούς που δεν κάνουν το δικό Του θέλημα, αλλά κάνουν τα δικά τους και ακολουθούν την αμαρτία, στους άσωτους γιούς και θυγατέρες Του, έχει δώσει χαρίσματα, έχει δώσει ένα μέρος της περιουσίας, της κληρονομιάς, αλλά όχι όλα τα υπάρχοντα Του, ούτε φυσικά όλη την κληρονομιά Του.

Μέρος της κληρονομιάς που ο Θεός έχει για μας, είναι και τα παιδιά που μας έχει χαρίσει ή θέλει να μας χαρίσει. Μισθός δικός Του είναι ο καρπός της κοιλιάς. (Ψαλμός 127:3)

Όταν όμως κάποιος είναι "άσωτος γιος" την κληρονομιά που λαμβάνει, δεν την εκτιμάει καθόλου. Την κακομεταχειρίζεται, την κατασπαταλάει και την καταστρέφει...

Πολλά δώρα μας έχει χαρίσει ο Θεός ακόμα και όταν

δεν τον ακολουθούσαμε, ακόμα και όταν θέλαμε να κάνουμε τα δικά μας...

Πολλά δώρα έχει ακόμα για μας ο Θεός. Όλη την κληρονομιά Του, έχει για μας... Αλλά θα την εκτιμήσουμε; Θα την μεταχειριστούμε σωστά; Θα την αξιοποιήσουμε;

Ας αρχίσουμε με τα παιδιά μας, που όπως είπαμε, είναι κληρονομιά από τον Θεό, είναι δικό Του δώρο, πως τους φερόμαστε; Πως τα εκπαιδεύουμε;

Τους αφιερώνουμε ποιοτικό χρόνο; Ή μήπως τα κακομεταχειριζόμαστε;

Στην παραβολή του ασώτου γιού, αναφέρει ο Ιησούς, ότι ο πατέρας είπε στο άλλο γιό που έμενε συνεχώς μαζί του, αυτή την φράση: «Παιδί μου, εσύ είσαι πάντοτε μαζί μου· και όλα τα δικά μου είναι δικά σου» (κατά Λουκά ευαγγέλιο 15:11-32)

Αφού είσαι πάντοτε μαζί μου, παιδί μου, όλα τα δικά μου είναι δικά σου. Όλα, όχι μόνο ένα μέρος, όχι μόνο ένα κομμάτι της περιουσίας, αλλά όλα όσα έχω... Ο αδελφός σου, (ο άσωτος γιός) έφυγε και σπατάλησε όλα όσα του έδωσα, αλλά εσύ παρέμεινες μαζί μου και όλα τα δικά μου είναι δικά σου, παιδί μου...

Αυτό λέει και σε όλους μας ο Θεός σήμερα, αν έχουμε μετανοήσει πραγματικά για τις αμαρτίες μας και επιστρέψει σε Αυτόν, {όπως έκανε και ο άσωτος γιός}, αν Τον ακολουθούμε και υπακούμε τις εντολές Του, αν παραμείνουμε μαζί Του πιστοί, ασχέτως τι επιλογές παίρνουν τα αδέλφια μας δίπλα μας.

Αν λοιπόν είσαι πιστό παιδί του Θεού, είσαι κληρονόμος του Πατέρα Θεού και συγκληρονόμος του Ιησού Χριστού. (προς Ρωμαίους επιστολή 8:17)

Γράφει ο απόστολος Παύλος: «Λέω δε ότι, για όσον χρόνο ο κληρονόμος είναι νήπιος, δεν διαφέρει από τον δούλο, αν και είναι κύριος όλων· αλλά, είναι κάτω από επιτρόπους και οικονόμους, μέχρι την προθεσμία που έβαλε ο πατέρας του, (αν όμως δεν είσαι πλέον νήπιος), αν όμως, είσαι γιος, είσαι και κληρονόμος τού Θεού διαμέσου τού Χριστού» (προς Γαλάτες 4:1-2, 7)

Ακόμα και ο άσωτος γιος ζήτησε από τον πατέρα του: «Πατέρα, δώσε μου το μέρος της περιουσίας που μου ανήκει» αυτό που πρέπει να πάρω, γιατί είμαι παιδί σου. Εσύ ζητάς από τον Πατέρα σου τον ουράνιο, να σου δώσει την κληρονομιά που έχει για σένα; Ή μήπως όχι;

Γυρνώντας ξανά στην παραβολή των ταλάντων, που διαβάσαμε στην αρχή του κεφαλαίου, βλέπουμε ότι κάποια στιγμή, ο Κύριος λέει ότι ζήτησε λογαριασμό, από αυτούς που τους παρέδωσε τα τάλαντα. Και κάποια στιγμή θα έρθει και στον καθένα μας να ζητήσει λογαριασμό, για το τι πράξαμε με όλα αυτά που μας παρέδωσε. Θα δώσουμε αναφορά στον Θεό, για το τι πράξαμε εδώ στην γη, διαμέσου του σώματος που μας χάρισε. (Β Κορινθίους 5:10)

Έρχεται ο πρώτος και είπε πέντε τάλαντα μου έδωσες, και εγώ με βάση αυτά τα πέντε, που Εσύ μου έδωσες, έκανα άλλα πέντε. Και ο δεύτερος είπε δύο τάλαντα μου έδωσες και εγώ με βάση αυτά, έκανα άλλα δύο. Και στις δύο αυτές περιπτώσεις η απάντηση του Κυρίου ήταν ίδια. Τους αποκάλεσε και τους δύο, δούλους αγαθούς και πιστούς. Τους είπε ότι, επειδή σε αυτά τα λίγα που τους έδωσε, φανήκανε πιστοί, επάνω σε πολλά θα τους καταστήσει.

Γιατί όπως δίδαξε και αναφέρει και αλλού: «Ο πιστός στο ελάχιστο, και στο πολύ είναι πιστός και ο άδικος στο ελάχιστο, και στο πολύ είναι άδικος.

Αν, λοιπόν, στον άδικο μαμωνά δεν φανήκατε πιστοί, ποιος θα σας εμπιστευθεί τον αληθινό πλούτο; Και αν στο ξένο δεν φανήκατε πιστοί, ποιος θα σας δώσει το δικό σας; Κανένας δούλος δεν μπορεί να δουλεύει δύο κυρίους· επειδή ή τον έναν θα μισήσει, και τον άλλον θα αγαπήσει ή στον έναν θα προσκολληθεί και τον άλλον θα καταφρονήσει. Δεν μπορείτε να δουλεύετε τον Θεό και τον μαμωνά» (κατά Λουκά 16:10-13)

Αν στο ξένο δεν φανήκατε πιστοί, σε αυτό που Εγώ σας έδωσα, όταν σας παρέδωσα τα υπάρχοντα Μου, τα χαρίσματά μου, ποιός θα σας δώσει το δικό σας; Αυτός που είναι στο λίγο πιστός, είναι και στο πολύ, και αυτός που είναι λίγο άδικος, είναι και στο πολύ.

Ο χαρακτήρας μας φαίνεται, στα μικρά πράγματα.

Πολλοί λένε αν θα γίνω πλούσιος, θα δώσω τα μισά μου χρήματα στους φτωχούς, στις ιεραποστολές, στα συσσίτια, στο έργο του Θεού. Ναι αλλά τι κάνεις τώρα, με τα λίγα χρήματα που έχεις;

Είσαι πιστός τώρα που έχεις μόνο λίγα ψωμάκια και λίγα ψαράκια για να φας, να δώσεις από αυτά στον Κύριο, σε αυτούς που εργάζονται για Αυτόν, ώστε να τα μοιράσουν σε αυτούς που έχουν ανάγκη; Ή θέλεις να τα κρατήσεις όλα για τον εαυτό σου; Για να περνάς εσύ μόνο καλά. (κατά Ιωάννη ευαγγέλιο 6:9)

Ο προφήτης Ηλίας τον καιρό της πείνας, πήγε σε μία χήρα που ήταν τόσο φτωχή, που είχε μόνο λίγο αλεύρι και λάδι, για να φτιάξει την τελευταία πίτα και ύστερα, να πεθάνει μαζί με το παιδί της, ήταν το τελευταίο τους γεύμα.

Αλλά αυτός της είπε: «από αυτό (που έχεις), κάνε πρώτα σε μένα μια μικρή πίτα και φέρε την σε μένα και έπειτα κάνε για τον εαυτό σου και για τον γιο σου» Και μόλις υπάκουσε η χήρα σε αυτόν τον λόγο του προφήτη, είδε την αφθονία του Θεού. Ούτε το αλεύρι τελείωσε ποτέ την περίοδο της πείνας, ούτε και το λάδι. (Α Βασιλέων 17:13)

Το μυστήριο της βασιλείας του Θεού

Βλέπετε αν στο ελάχιστο δεν φανούμε πιστοί, ποιός θα μας δώσει το δικό μας. Αν, στον άδικο μαμωνά, στα χρήματα, δεν φανούμε πιστοί, ποιός θα μας εμπιστευθεί τον αληθινό πλούτο; Τον πλούτο του ουρανού.

Αν δεν είναι πρώτος ο Θεός στην καρδιά μας, στο καθετί της ζωής μας, ώστε να υπακούσουμε όπως αυτή η χήρα, στο λόγο το δικό Του, πώς θα πάρουμε από τον Θεό, αυτό που έχει να μας δώσει, για να είναι δικό μας.

Κανένας δεν μπορεί να δουλεύει δύο κυρίους, επειδή ή τον έναν θα τον μισήσει και τον άλλον θα τον αγαπήσει ή στον έναν θα προσκολληθεί, και τον άλλον θα τον καταφρονήσει. Κανείς δεν μπορεί να υπηρετεί ταυτόχρονα τον Θεό και τον μαμωνά.

Πρέπει να διαλέξεις, ποιόν από τους δύο κυρίους, θα αγαπήσεις, γιατί αυτόν που πραγματικά θα αγαπήσεις, αυτόν και θα υπηρετήσεις και σε αυτόν θα προσκολληθείς. Σε αυτόν θα προσκολληθεί η καρδιά σου. Εκεί θα είναι ο θησαυρός σου... «Επειδή, όπου είναι ο θησαυρός σας, εκεί θα είναι και η καρδιά σας» (κατά Ματθαίο 6:21)

Ο μαμωνάς ήταν στην αρχαιότητα, ο θεός του πλούτου, στην περιοχή της Συρίας. Η λέξη μαμωνάς, που χρησιμοποίησε ο Ιησούς, είναι Αραμαϊκής προέλευσης, και σημαίνει προσκόλληση στα υλικά αγαθά, στον πλούτο και την πλεονεξία, το να εμπιστεύεται κάποιος και να στηρίζεται στα φθαρτά εφήμερα αγαθά.

Που σήμερα μπορεί να υπάρχουν και αύριο να μην υπάρχουν, γιατί το σκουλήκι και η σκουριά μπορεί να τα αφανίσει και κλέφτες μπορεί να κάνουν διάρρηξη και να τα κλέψουν. (κατά Ματθαίο ευαγγέλιο 6:19)

Για αυτό και ο Ιησούς Χριστός ξεκαθάρισε ότι: ή θα

~ 93 ~

έχεις για κύριο σου τον Αληθινό Θεό ή θα έχεις για κύριο σου τον ψεύτικο θεό μαμωνά.

Εκείνος που πήρε το ένα τάλαντο, πήγε και έσκαψε στη γη και το έκρυψε, δεν το αξιοποίησε καθόλου. Και όταν ήρθε ο Κύριος να κάνει λογαριασμό μαζί του, (όπως διαβάσαμε) από την απάντηση που του έδωσε, αντιλαμβανόμαστε ότι προφανώς, δεν Τον γνώριζε. Δεν γνώριζε ότι όλα αυτά που έχουμε από τον Θεό τα έχουμε, δεν γνώριζε τον χαρακτήρα του Θεού, την αγάπη και την καλοσύνη Του για όλους εμάς.

Η απάντηση του Κυρίου ήταν να τον αποκαλέσει πονηρό δούλο και οκνηρό, δηλαδή έναν δούλο με πονηρή καρδιά απιστίας και τεμπέλη. Και αυτό γιατί, δεν αφιέρωσε χρόνο να γνωρίσει τον Θεό, για να ξέρει το ποιος είναι, και δεν εκτίμησε την αξία του τάλαντου που του έδωσε ο Κύριος, ώστε να το χρησιμοποιήσει.

Έπρεπε λοιπόν, (του είπε) να βάλεις το ασήμι μου στους τραπεζίτες και όταν ερχόμουν εγώ, θα έπαιρνα το δικό μου μαζί με τόκο.

Εδώ μιλάει για ασήμι, δηλαδή μιλάει για χρήματα και αυτό γιατί, αν τα χαρίσματα, που σου έχει δώσει ο Θεός, τα χρησιμοποιήσεις, μπορείς να βγάλεις χρήματα ή αν επίσης τα τάλαντα (τα χρήματα) που σου έχει δώσει ο Θεός, τα επενδύσεις, θα βγάλεις ξανά χρήματα.

Η διαφορά των ταλάντων, από τα χαρίσματα, που ο Θεός μας έχει δώσει, είναι ότι τα χαρίσματα και η πρόσκληση του Θεού, δεν επιδέχονται μεταμέλεια. Ενώ τα τάλαντα ή αλλιώς τα χρήματα που βγαίνουν, χρησιμοποιώντας τα χαρίσματα αυτά ή από την κληρονομιά που ο Θεός μας δίνει, μπορούν να χαθούν αν δεν τα αξιοποιήσουμε ή αν δεν δοθούν σε κάποιον άλλον, που θα κάνει κάτι με αυτά. (Ρωμαίους 11:29)

Ο Θεός έδωσε χαρίσματα στους ανθρώπους και τα έδωσε για να τα χρησιμοποιήσουμε.

Ο καθένας έχει κάποιο ιδιαίτερο χάρισμα από τον Θεό. Για παράδειγμα: Ένας μπορεί να έχει το χάρισμα της καλλιτεχνίας και να είναι ζωγράφος, είτε να είναι μουσικός, άλλος γιατρός, δάσκαλος, μηχανικός, άλλος φούρναρης, άλλος ζαχαροπλάστης, ή αστυνομικός, άλλος ηλεκτρολόγος...

Και είναι σημαντικό να εργάζεται ο καθένας μας, σύμφωνα με αυτό για το οποίο έχει δημιουργηθεί, έχει καλεστεί να κάνει. Γιατί είναι φοβερό να εργάζεται κάποιος σε μια δουλειά που να μην είναι γεννημένος να την κάνει. Δεν θα μπορεί να αποδώσει στο πλήρη βαθμό. Θα δουλεύει με μισή καρδιά, δεν θα μπορέσει να είναι ποτέ ικανοποιημένος ή ευτυχισμένος, αλλά θα είναι πάντα δυστυχισμένος.

Ο Θεός θέλει να πολλαπλασιάσουμε το τάλαντο που μας έδωσε, μας έδωσε χαρίσματα, μας έδωσε τα τάλαντα τα δικά Του, για να τα αξιοποιήσουμε, για να βγάλουμε χρήματα μέσω αυτών, να καρποφορήσουμε και όχι να παραμείνουμε άκαρποι. Ο Θεός επένδυσε σε μας, ας μην τον απογοητεύσουμε.

Έλεγε ο Κύριος Ιησούς Χριστός αυτή την παραβολή: «Κάποιος είχε μια συκιά φυτεμένη μέσα στον αμπελώνα του· και ήρθε ζητώντας σ' αυτήν καρπό, και δεν βρήκε. Και είπε στον αμπελουργό: Δες, τρία χρόνια έρχομαι ζητώντας καρπό σ' αυτή τη συκιά, και δεν βρίσκω· κόψε την· γιατί να καταργεί και τη γη; Και εκείνος, αποκρινόμενος, λέει σ' αυτόν: Κύριε, άφησέ την και τούτο τον χρόνο, μέχρις ότου σκάψω ολόγυρά της, και βάλω κοπριά· και αν μεν κάνει καρπό, καλώς ειδεμή, θα την κόψεις ύστερα απ' αυτά» (κατά Λουκά ευαγγέλιο 13:6-9)

Ο Θεός με πολύ έλεος περιμένει, τον πολύτιμο

καρπό της γης και μακροθυμεί, όμως θα έρθει κάποια στιγμή που θα έρθει στον καθένα μας να κάνει λογαριασμό, με το τι κάναμε με όλα αυτά που μας έδωσε. Αυξήσαμε τα τάλαντα; Ή τα κρύψαμε; Καρποφορήσαμε; Ή τα θάψαμε;

Η απάντηση που έδωσε ο Κύριος, στον πονηρό και οκνηρό δούλο, ήταν πολύ σκληρή. «Πάρτε, λοιπόν, απ' αυτόν το τάλαντο, και δώστε το σ' αυτόν που έχει τα δέκα τάλαντα. Επειδή, σε όποιον έχει θα δοθεί και θα του περισσεύσει· και απ' αυτόν που δεν έχει και εκείνο που έχει θα αφαιρεθεί απ' αυτόν. Και τον αχρείο δούλο ρίξτε τον στο εξώτερο σκοτάδι· εκεί θα είναι το κλάμα και το τρίξιμο των δοντιών» (κατά Ματθαίο 25:28-30)

Πάρτε από αυτόν το τάλαντο που του έδωσα, (που ποτέ δεν το χρησιμοποίησε) και δώστε το σε αυτόν που έχει χρησιμοποιήσει ήδη τα τάλαντα που του έδωσα, και καρποφόρησε, τα έκανε διπλάσια, από ότι ήταν. Και αυτόν τον αχρείο, πονηρό και οκνηρό δούλο, ρίξτε τον στην κόλαση, που είναι το κλάμα και το τρίξιμο των δοντιών. Επειδή, σε όποιον έχει καρποφορία, θα δοθεί και θα του περισσεύσει και απ' αυτόν που δεν έχει καρποφορία και εκείνο που έχει, θα του αφαιρεθεί.

Έπρεπε λοιπόν, είπε ο Κύριος, το ασήμι μου, (αφού εσύ δεν ήθελες να το χρησιμοποιήσεις), να το δώσεις τουλάχιστον σε αυτούς που επενδύουν, σε αυτούς που κάνουν το έργο το δικό Μου, σε αυτούς που θα εργάζονταν με αυτό και θα έβγαζαν καρπό. Και όταν ερχόμουν εγώ, θα έπαιρνα το δικό μου τάλαντο, μαζί με τόκο, μαζί με την καρποφορία.

Κεφάλαιο 11: Πρόβατα και ερίφια

Μελετώντας προσεκτικά, την τελευταία παραβολή που δίδαξε ο Ιησούς Χριστός, στο κήρυγμα που έκανε, εκείνη την ημέρα, (στο κατά Ματθαίο ευαγγέλιο, στο κεφάλαιο 25) φαίνονται καθαρά και σε αυτή την παραβολή, τα δύο είδη χριστιανών, που συναντάμε μέσα στην εκκλησία. Αυτών που εργάζονται για τον Θεό και κάνουν το θέλημα Του και αυτών που εργάζονται για την ανομία.

«Και όταν έρθει ο Υιός τού ανθρώπου μέσα στη δόξα του, και όλοι οι άγιοι άγγελοι μαζί του, τότε θα καθίσει επάνω στον θρόνο της δόξας του.

Και μπροστά του θα συγκεντρωθούν όλα τα έθνη· και θα τους χωρίσει από αναμεταξύ τους, όπως ο ποιμένας χωρίζει τα πρόβατα από τα ερίφια. Και τα μεν πρόβατα θα τα στήσει από τα δεξιά του, ενώ τα ερίφια από τα αριστερά.

Τότε ο βασιλιάς θα πει σ' αυτούς που θα είναι από τα δεξιά του: Ελάτε οι ευλογημένοι τού Πατέρα μου, κληρονομήστε τη βασιλεία που είναι ετοιμασμένη σε σας, από τη δημιουργία του κόσμου επειδή, πείνασα, και μου δώσατε να φάω· δίψασα και μου δώσατε να πιω. Ξένος ήμουν και με φιλοξενήσατε· γυμνός ήμουν, και με ντύσατε· ασθένησα, και με επισκεφθήκατε· σε φυλακή ήμουν, και ήρθατε σε μένα.

Τότε, οι δίκαιοι θα του απαντήσουν, λέγοντας: Κύριε, πότε σε είδαμε να πεινάς και σε θρέψαμε; Ή, να διψάς, και σου δώσαμε να πιεις; Και πότε σε είδαμε ξένον, και σε φιλοξενήσαμε; Ή, γυμνό, και σε ντύσαμε; Και πότε σε είδαμε ασθενή ή σε φυλακή, και ήρθαμε σε σένα; Και απαντώντας ο βασιλιάς, θα τους πει: Σας διαβεβαιώνω, καθόσον το αυτό κάνατε σε έναν από τούτους τούς ελάχιστους αδελφούς μου, το κάνατε σε μένα.

Τότε, θα πει και σ' εκείνους που θα είναι από τα αριστερά: Πηγαίνετε από μένα, οι καταραμένοι, στην αιώνια φωτιά, που είναι ετοιμασμένη για τον διάβολο και για τους αγγέλους του. Επειδή, πείνασα, και δεν μου δώσατε να φάω· δίψασα και δεν μου δώσατε να πιω· ξένος ήμουν, και δεν με φιλοξενήσατε· γυμνός, και δεν με ντύσατε· ασθενής και σε φυλακή, και δεν με επισκεφθήκατε.

Τότε, θα του απαντήσουν κι αυτοί, λέγοντας: Κύριε, πότε σε είδαμε να πεινάς ή να διψάς ή ξένον ή γυμνό ή ασθενή ή σε φυλακή, και δεν σε υπηρετήσαμε; Τότε, θα τους απαντήσει, λέγοντας: Σας διαβεβαιώνω, καθόσον δεν το κάνατε αυτό σε έναν από τούτους τούς ελάχιστους, δεν το κάνατε ούτε σε μένα. Και θα αποχωρήσουν, αυτοί μεν σε αιώνια κόλαση· ενώ οι δίκαιοι σε αιώνια ζωή» (κατά Ματθαίο 25:31-46)

Κάποια μέρα, θα έρθει η στιγμή, που ο Κύριος θα καθίσει επάνω στον θρόνο της δόξας Του, την ημέρα της κρίσης και μπροστά Του θα συγκεντρωθούν όλα τα έθνη και οι λαοί, και θα τους χωρίσει από αναμεταξύ τους, όπως ο ποιμένας χωρίζει, τα πρόβατα από τα ερίφια. *Θα κάνει διαχωρισμό ανάμεσα στα δύο αυτά είδη χριστιανών, γιατί για αυτό μιλάει αυτή η παραβολή, μιλάει για εκείνη την ημέρα, που θα εμφανιστούμε όλοι μπροστά στο βήμα του Χριστού και ο καθένας από μας θα ανταμειφθεί σύμφωνα με εκείνα που έπραξε διαμέσου του σώματος του, είτε αγαθό είτε κακό. (Β Κορινθίους επιστολή 5:10) Καθώς λοιπόν θα συνεχίσουμε, θα δούμε ποια είναι τα χαρακτηριστικά ενός προβάτου και ποια ενός εριφίου, μέσα στην εκκλησία.*

ΠΡΟΒΑΤΑ	ΕΡΙΦΙΑ
Πείνασα και μου δώσατε να φάω.	Πείνασα και δεν μου δώσατε να φάω.
Δίψασα και μου δώσατε να πιώ.	Δίψασα και δεν μου δώσατε να πιω.
Ξένος ήμουν και με φιλοξενήσατε.	Ξένος ήμουν και δεν με φιλοξενήσατε.
Γυμνός ήμουν και με ντύσατε.	Γυμνός ήμουν και δεν με ντύσατε.
Ασθένησα και με επισκεφθήκατε.	Ασθενής ήμουν και δεν με επισκεφθήκατε.
Σε φυλακή ήμουν και ήρθατε σε μένα.	Σε φυλακή ήμουν και δεν με επισκεφθήκατε.

Και όλοι απάντησαν σε Αυτόν, πότε σε είδαμε Κύριε να πεινάς, ή να διψάς, ή να ήσουν ξένος, ή να ήσουν εσύ Κύριε ασθενής, ή ακόμα στην φυλακή και δεν σε βοηθήσαμε; Και η απάντηση του Κυρίου σε αυτή την κατηγορία των χριστιανών, που τα ονομάζει πρόβατα, δηλαδή αυτών πού πράττουν το θέλημα Του, ήταν ότι καθόσον το αυτό κάνατε σε έναν από τούτους τούς ελάχιστους αδελφούς μου, το κάνατε σε Μένα. Ενώ η απάντηση Του, σε όλους αυτούς, από τους χριστιανούς, που τους ονομάζει ερίφια και που δεν πράττουν το θέλημα του Θεού, ήταν ότι, καθόσον δεν το κάνατε αυτό σε έναν από τούτους τούς ελάχιστους αδελφούς μου, δεν το κάνατε ούτε σε Μένα.

Συμπέρασμα είναι ότι: Οτιδήποτε κάνουμε σε έναν από τούς ελάχιστους αδελφούς μας, το κάνουμε στον Θεό, γιατί είμαστε σώμα του Χριστού και μέλη αλλήλων και το Πνεύμα του Θεού κατοικεί μέσα μας. Για αυτό λοιπόν να: «Βαστάζετε ο ένας τα βάρη τού άλλου, και εκπληρώστε έτσι τον νόμο τού Χριστού»

Αυτό ισχύει και για τον κάθε ένα πλησίον μας, συνάνθρωπο μας, πόσο μάλλον όταν είναι χριστιανός, (ελάχιστος αδελφός), αυτός που σου ζητάει βοήθεια. Ουσιαστικά αν δεν τον βοηθήσεις, δεν βοηθάς τον ίδιο τον εαυτό σου, γιατί είμαστε σώμα του Χριστού και μέλη αλλήλων. (Γαλάτες 6:2)

«Επειδή, το σώμα δεν είναι ένα μέλος, αλλά πολλά... Αλλά, τώρα, ο Θεός έβαλε τα μέλη το κάθε ένα απ' αυτά στο σώμα, όπως (Αυτός) θέλησε... Και δεν μπορεί το μάτι να πει στο χέρι: Δεν σε έχω ανάγκη· ή, πάλι, το κεφάλι να πει στα πόδια: Δεν σας έχω ανάγκη. Αλλά, πολύ περισσότερο, τα μέλη τού σώματος, που φαίνονται ότι είναι ασθενέστερα, αυτά είναι αναγκαία· και εκείνα που νομίζουμε ότι είναι με λιγότερη τιμή στο σώμα, σ' αυτά αποδίδουμε περισσότερη τιμή...

Αλλά ο Θεός συγκέρασε (συνδύασε) το σώμα, δίνοντας περισσότερη τιμή στο ευτελέστερο, (σε αυτό που έχει χαμηλή αξία) για να μη είναι σχίσμα μέσα στο σώμα, αλλά (όλα) τα μέλη να φροντίζουν εξίσου, το ένα για το άλλο προς το συμφέρον τους. Και είτε ένα μέλος πάσχει, όλα τα μέλη συμπάσχουν· είτε ένα μέλος τιμάται, όλα τα μέλη χαίρονται μαζί. Κι εσείς είστε σώμα τού Χριστού και μέλη κατά μέρος» (Α Κορινθίους επιστολή 12:14-27)

Όταν ένα μέλος πάσχει, όλα τα μέλη συμπάσχουν, γιατί αν δεν συμπάσχουν, τότε απλά δεν ανήκουν στο ίδιο σώμα, στο σώμα του Χριστού.

Για παράδειγμα: Όταν σε πονάει το μικρό δάκτυλο του ποδιού σου, επειδή κάπου το χτύπησες, θα κάνεις τα πάντα για να σταματήσει να πονάει, όλα τα μέλη του σώματος σου, θα συνεργάζονται μεταξύ τους, και θα προσπαθούν ασταμάτητα να βρουν λύση, για να σταματήσει ο πόνος και να επουλωθεί η πληγή.

Αν όμως δεν κάνεις τίποτα, σημαίνει ότι ή είσαι παράλυτος ή νεκρός ή αποκομμένος από το σώμα και για αυτό δεν αισθάνεσαι τον πόνο.

Έτσι όπως λειτουργεί το φυσικό σώμα μας λοιπόν, λειτουργεί και το σώμα του Χριστού, στην γη. Όταν ένα μέλος τιμάται, όλα τα μέλη χαίρονται μαζί, όταν ένα μέλος πάσχει, όλα τα μέλη συμπάσχουν.

Αν στην ζωή σου δεν ισχύουν αυτά, τότε θα πρέπει να εξετάσεις το ενδεχόμενο, να μην είσαι μέλος του σώματος του Χριστού και ούτε τελικά χριστιανός. Μπορεί να ήσουν κάποτε, αλλά τώρα είσαι; Συνεχίζεις να ακολουθείς τα βήματα του Ιησού Χριστού; Ή έχεις κολλήσει μήπως στα λιμνάζοντα νερά της θρησκείας, δηλαδή του θρησκευτικού φανατισμού, νομικισμού και καθήκοντος;

Μήπως «άφησες την πρώτη σου αγάπη» που είχες με τον Κύριο και για αυτό δεν σε ενδιαφέρει να αρέσεις σε Αυτόν ή να κάνεις αυτά που Αυτός θέλει; «Θυμήσου, λοιπόν, από πού ξέπεσες, και μετανόησε, και κάνε τα πρώτα έργα...» (Αποκάλυψη 2:4-5)

«Και ο Ιωάννης αποκρίθηκε σ' Αυτόν, (στον Ιησού) λέγοντας: Δάσκαλε, είδαμε κάποιον να βγάζει δαιμόνια στο όνομά Σου, ο οποίος δεν μας ακολουθεί· και τον εμποδίσαμε, επειδή δεν μας ακολουθεί.

Και ο Ιησούς είπε: Μη τον εμποδίζετε· επειδή, δεν υπάρχει κανένας που θα κάνει θαύμα στο όνομά Μου, και θα μπορέσει αμέσως να με κακολογήσει· δεδομένου ότι, όποιος δεν είναι εναντίον μας, είναι με το μέρος μας.» (κατά Μάρκο ευαγγέλιο 9:38-40)

Μη τον εμποδίζετε είπε ο Ιησούς Χριστός. Γιατί όποιος δεν είναι εναντίον μας, είναι με το μέρος μας, είτε μας ακολουθεί, είτε όχι. Μα ξέρεις, δεν έρχεται στην ίδια εκκλησία με μας. Δεν ανήκει στο ίδιο χριστιανικό δόγμα με μας. Δεν δοξάζει τον Θεό, όπως εμείς. Βγάζει δαιμόνια στο όνομά Σου Κύριε Ιησού και δεν μας ακολουθεί. Για αυτό τον εμποδίσαμε, για αυτό τον δυσφημίσαμε, επειδή δεν μας ακολουθεί.

Μα ζητάει βοήθεια, είναι συνάνθρωπος μας. Ναι αλλά δεν μας ακολουθεί... Εμείς βοηθάμε μόνο αυτούς που μας ακολουθούν, μόνο σε αυτούς δείχνουμε αλληλεγγύη... Στα δικά μας μέλη του κλαμπ, της λέσχης μας... Αυτόν δεν τον ξέρουμε.

Αυτό είπε ο Κύριος Ιησούς να κάνουμε; Έτσι είπε να λειτουργεί το σώμα του Χριστού στην γη;

Είπαν οι Φαρισαίοι για τον Ιησού Χριστό: «εμείς ξέρουμε ότι ο Θεός μίλησε στον Μωυσή· (και αυτόν ακολουθούμε) τούτον, (τον Ιησού Χριστό) όμως, δεν ξέρουμε από πού είναι. Ο άνθρωπος (ο πρώην τυφλός) αποκρίθηκε και τους είπε:

Κατά τούτο, μάλιστα, είναι το θαυμαστό, ότι εσείς δεν ξέρετε από πού είναι και μου άνοιξε εμένα τα μάτια. Και ξέρουμε ότι ο Θεός αμαρτωλούς δεν ακούει· αλλά, αν κάποιος είναι θεοσεβής, και κάνει το θέλημά Του, αυτόν ακούει» (κατά Ιωάννη 9:29-31)

Οι Φαρισαίοι ήξεραν μόνο τον Μωυσή... Τον Ιησού Χριστό, που ο Θεός τον απέστειλε σε αυτούς, δεν μπορούσαν να τον αναγνωρίσουν, γιατί απλά δεν τους ακολουθούσε, δεν ήταν μέλος της συναγωγής τους *(της εκκλησίας τους), αλλά ακολουθούσε την δική Του διακονία και δεν ήταν υπόλογος σε αυτούς. Για αυτό τον εμπόδισαν, για αυτό τον δυσφήμισαν, για αυτό τον σταύρωσαν...*

Ο Κύριος Ιησούς είπε, να μη εμποδίζουμε κανέναν που υπηρετεί τον Θεό, είτε ακολουθεί εμάς, είτε όχι. Διότι όποιος δεν είναι εναντίον μας, είναι με το μέρος μας. Και ξέρουμε ότι ο Θεός αμαρτωλούς δεν ακούει· αλλά, αν κάποιος είναι θεοσεβής, έχει φόβο Θεού και κάνει το δικό Του θέλημα, αυτόν τον ακούει και απαντάει τις προσευχές του.

Αυτό που είπε ο Ιησούς επίσης, τα λέει όλα: «Λοιπόν, όλα όσα θέλετε να κάνουν σε σας οι άνθρωποι, έτσι κι εσείς να κάνετε σ' αυτούς, επειδή, αυτός είναι ο νόμος και οι προφήτες» (κατά Ματθαίο ευαγγέλιο 7:12)

Σου αρέσει να σε βοηθούν, βοήθησε και εσύ τους άλλους, σου αρέσει να σε προδίδουν, πρόδωσε και εσύ τους άλλους. Σου αρέσει να παίρνεις δώρα, δώσε και εσύ δώρα στους άλλους. Σου αρέσει να σε πηγαίνουν μέχρι έξω από το σπίτι σου, πήγαινε και εσύ τους άλλους, μέχρι έξω από το σπίτι τους.

Αγάπα τον πλησίον σου, σαν τον εαυτό σου. Η αγάπη κακό δεν κάνει στον πλησίον. Σίγουρα θέλεις να περνάει καλά ο εαυτός σου, σίγουρα θέλεις οι άλλοι να σε αγαπάνε, να σε κάνουν παρέα, να σου φέρονται καλά, κάνε και εσύ το ίδιο στους άλλους.

Όλα όσα θέλουμε να κάνουν οι άλλοι σε μας. Με τον τρόπο που θέλουμε οι άλλοι να μας μιλάνε και να μας φέρονται, αυτά πρέπει και εμείς να κάνουμε στους άλλους. Επειδή ότι αν σπείρει ο άνθρωπος, στην σχέση του με τους άλλους ανθρώπους, (με τον τρόπο που λειτουργεί και τους συμπεριφέρεται), αυτό και θα θερίζει μέσα στην ζωή του. (όπως είπαμε ξανά)

Δεν μπορεί να σπείρεις ραπανάκια και να θερίσεις παντζάρια, ούτε να σπείρεις σιτάρι και να θερίσεις κριθάρι. Αυτό που θα σπείρεις λοιπόν, αυτό και θα θερίζεις, στον κάθε τομέα της ζωής σου.

Κεφάλαιο 12: Ο καλός Σαμαρείτης

Κάποιος που γνώριζε τον νόμο του Θεού και τον δίδασκε στους άλλους. Ένας νομικός ήρθε μία μέρα στον Ιησού Χριστό και τον ρώτησε: «Δάσκαλε τι θα μπορούσα να πράξω για να κληρονομήσω αιώνια ζωή;» Τι είναι αυτό που θα με έκανε να κληρονομήσω αιώνια ζωή; Τι πρέπει να κάνω; Και μπορεί και εσύ που διαβάζεις αυτή την ώρα να ρωτάς ακριβώς το ίδιο πράγμα μέσα σου.

Και ο Ιησούς Χριστός του είπε: «Τι είναι γραμμένο μέσα στον νόμο; Πώς διαβάζεις;». Τι λέει μέσα στον Λόγο του Θεού; Η απάντηση του νομικού ήταν ότι: «Θα αγαπάς τον Κύριο τον Θεό σου με όλη την καρδιά σου, και με όλη την ψυχή σου και με όλη τη δύναμή σου, και με όλη τη διάνοιά σου. Αυτή είναι πρώτη και μεγάλη εντολή. Δεύτερη, όμως, όμοια μ' αυτή είναι, θα αγαπάς τον πλησίον σου σαν τον εαυτό σου. Σε αυτές τις δύο εντολές κρέμονται ολόκληρος ο νόμος και οι προφήτες».

Σε αυτές τις δύο εντολές, στηρίζεται ολόκληρη η Αγία Γραφή, στηρίζεται ολόκληρος ο νόμος και οι προφήτες, που ο Ιησούς Χριστός ήρθε να εκπληρώσει και όχι να καταργήσει. Είναι και θα παραμείνουν να είναι οι δύο πρώτες εντολές του Θεού, σε όλους μας.

Και συνεχίζοντας, είπε ο Ιησούς Χριστός, στον νομικό: «Σωστά απάντησες· αυτό κάνε, και θα ζήσεις.» Αυτό κάνε και θα κληρονομήσεις αιώνια ζωή. (κατά Λουκά 10:27, 28, κατά Ματθαίο 22:37-40)

Και ο νομικός τον ρώτησε: «Και ποιος είναι ο πλησίον μου;» Ποιός είναι αυτός που θα πρέπει να αγαπήσω σαν τον ίδιο μου τον εαυτό; Η απάντηση του Ιησού Χριστού ήρθε σε αυτόν αλλά επίσης έρχεται και στον καθένα μας μέσα από την ακόλουθη παραβολή, που είναι πολύ καλό να δώσουμε την προσοχή μας:

«Ένας άνθρωπος κατέβαινε από την Ιερουσαλήμ στην Ιεριχώ, και έπεσε ανάμεσα σε ληστές οι οποίοι, αφού τον γύμνωσαν και τον πλήγωσαν, αναχώρησαν αφήνοντας τον μισοπεθαμένο. (η κατάσταση ήταν κατεπείγουσα!!!!!)

Και κατά σύμπτωση, ένας ιερέας κατέβαινε διαμέσου εκείνου τού δρόμου· και όταν τον είδε, πέρασε από το άλλο μέρος. Παρόμοια μάλιστα και ένας Λευίτης, όταν έφτασε στον τόπο, αφού ήρθε και είδε, πέρασε από το άλλο μέρος. (είχαν πολύ δουλειά στην εκκλησία;;;;;)

Κάποιος Σαμαρείτης, όμως, που οδοιπορούσε, ήρθε στον τόπο όπου βρισκόταν και μόλις τον είδε, τον σπλαχνίστηκε· και όταν πλησίασε, έδεσε τις πληγές του, χύνοντας επάνω τους λάδι και κρασί· και αφού τον ανέβασε επάνω στο κτήνος του, τον έφερε σε ένα πανδοχείο, και τον περιποιήθηκε.

Και την επόμενη ημέρα, όταν αναχωρούσε, βγάζοντας δύο δηνάρια, τα έδωσε στον ξενοδόχο, και του είπε: Περιποιήσου τον και ότι αν δαπανήσεις επιπλέον, εγώ όταν επανέλθω, θα σου το αποδώσω.

Το μυστήριο της βασιλείας του Θεού

Ποιος, λοιπόν, απ' αυτούς τους τρεις σου φαίνεται ότι έγινε πλησίον εκείνου που έπεσε στους ληστές; Και εκείνος (ο νομικός) είπε: Αυτός που έκανε σ' αυτόν έλεος. Του είπε, λοιπόν, ο Ιησούς: Πήγαινε, και κάνε κι εσύ παρόμοια.» (κατά Λουκά 10:30-37)
Αυτό λέει και σε μας ο Θεός σήμερα, μέσα από αυτή την παραβολή. Πήγαινε και κάνε και εσύ παρόμοια, με αυτό που έκανε ο καλός Σαμαρείτης.
Μην λειτουργήσεις σαν τον Ιερέα και τον Λευίτη της παραβολής, που δεν είχαν αγάπη για τον πλησίον τους, ούτε σπλάχνα οικτιρμών, ούτε συμπόνια.
Ο άνθρωπος που έπεσε στους ληστές, δεν ήταν γνωστός, ούτε φίλος, κανενός από τους τρείς αυτούς περαστικούς της παραβολής αυτής, ήταν ένας άγνωστος, ένας ξένος. Όμως ήταν ο πλησίον τους, εκείνη την ώρα, εκείνη την συγκεκριμένη στιγμή.

Ένα κομμάτι, πού θα ήθελα να προσθέσω εδώ πολύ σημαντικό, από την διδασκαλία του Ιησού Χριστού, επίσης είναι και αυτό: «Και καθώς θέλετε οι άνθρωποι να κάνουν σε σας, κι εσείς να κάνετε τα ίδια σ' αυτούς. Και αν αγαπάτε εκείνους που σας αγαπούν, ποια χάρη οφείλεται σε σας; Επειδή, και οι αμαρτωλοί αγαπούν εκείνους που τους αγαπούν.
Και αν αγαθοποιείτε εκείνους που σας αγαθοποιούν, ποια χάρη οφείλεται σε σας; Επειδή, και οι αμαρτωλοί κάνουν το ίδιο. Και αν δανείζετε σ' εκείνους, από τους οποίους ελπίζετε να πάρετε ξανά, ποια χάρη οφείλεται σε σας; Επειδή και οι αμαρτωλοί δανείζουν σε αμαρτωλούς, για να πάρουν πάλι τα ίσα. Εσείς όμως, να αγαπάτε τους εχθρούς σας, και να τους αγαθοποιείτε, και να δανείζετε, χωρίς να ελπίζετε σε καμία απολαβή. Και ο μισθός σας θα είναι μεγάλος και θα είστε γιοι τού Υψίστου.

Επειδή, Αυτός είναι αγαθός προς τους αχάριστους και πονηρούς. Να γίνεστε λοιπόν, σπλαχνικοί, όπως και ο Πατέρας σας είναι σπλαχνικός» (κατά Λουκά ευαγγέλιο 6:31-36)

Αυτά που κάνουν οι αμαρτωλοί τα κάνουν γιατί περιμένουν αντάλλαγμα, περιμένουν να πάρουν πίσω τα ίδια που πρόσφεραν από τους ανθρώπους.

Σου κάνω χάρη δηλαδή και (μπορεί να μην στο λέω) αλλά είσαι υποχρεωμένος να μου κάνεις και εσύ μία... Έχω μια υποχρέωση λένε, πρέπει να πάρω δώρο ή πρέπει να πάω εκεί. Άλλοι λένε χρωστάω χάρη, πρέπει να το κάνω αυτό, ή πρέπει να πάω να ψωνίσω από εκεί ή να βοηθήσω...

Εμείς όμως είπε ο Ιησούς, να μην περιμένουμε να πάρουμε αντάλλαγμα από τους ανθρώπους, για να μας ανταποδώσουν το καλό που τους κάναμε, αλλά να περιμένουμε μισθό από τον Θεό που μας βλέπει, ακόμα και όταν κανείς δεν μπορεί να μας δει...

Να αγαπάμε τον κάθε έναν συνάνθρωπο μας, τον κάθε πλησίον μας, ακόμα και τους εχθρούς μας και να τους αγαθοποιούμε όλους, να τους δανείζουμε, χωρίς να ελπίζουμε ότι θα πάρουμε κάτι πίσω και ο μισθός μας θα είναι μεγάλος.

Τότε θα είμαστε πραγματικά γιοι τού Υψίστου, επειδή ο Θεός είναι αγαθός προς τους αχάριστους και πονηρούς και δίνει απλόχερα σε όλους μας, ζωή, πνοή, τα πάντα. Είτε το αξίζουμε, είτε όχι.

Επειδή Αυτός ανατέλλει τον δικό Του ήλιο κάθε μέρα, επάνω σε πονηρούς και αγαθούς, και βρέχει την δική Του βροχή, επάνω σε δικαίους και αδίκους. (κατά Ματθαίο ευαγγέλιο 5:45)

Να γίνεστε λοιπόν σπλαχνικοί, όπως και ο Πατέρας ο ουράνιος, είναι σπλαχνικός. Και όλα όσα θέλετε να κάνουν σε σας οι άνθρωποι, έτσι κι εσείς παρόμοια να κάνετε σ' αυτούς. Με τον τρόπο που θέλεις να σου φερθούν οι άλλοι άνθρωποι, την ώρα της ανάγκης σου και ας είσαι ίσως άγνωστος σε αυτούς, έτσι θα πρέπει να φερθείς και εσύ στους άλλους, σε ότι αντιμετωπίζουν.

Όποιοι και αν είναι, είναι συνάνθρωποι σου και ας μην ανήκουν στην ίδια εκκλησία με εσένα, και ας μην είναι καν στο ίδιο χριστιανικό δόγμα, ή στο ίδιο κόμμα με σένα, ή ας μην είναι καν χριστιανοί, και ας μην έχουν καν το ίδιο χρώμα δέρματος, με σένα. Είναι άνθρωποι!!!!! Είναι ο πλησίον μας και πρέπει να τον βοηθήσουμε στην ανάγκη του, χωρίς να περιμένουμε ανταπόδοση από ανθρώπους, παρά μονάχα από τον Θεό, που τα βλέπει όλα.

Ο Ιερέας και ο Λευίτης αυτής της παραβολής, ήταν άνθρωποι που τους έβρισκες μέσα στην εκκλησία. Ήταν πιστοί στον Θεό (υποτίθεται) και μάλιστα υπηρετούσαν στο έργο του Θεού, μέσα στην συναγωγή. Βλέπουμε ότι και οι δύο, πέρασαν χωρίς να κάνουν κάτι να βοηθήσουν αυτόν που έπεσε στους ληστές. Δηλαδή αυτό μας δείχνει ότι δεν είχαν αγάπη για τον πλησίον τους, δεν είχαν συμπόνια, είχαν μόνο θρησκευτικό νομικισμό.

Δεν μπορείς να πεις ότι υπηρετώ τον Θεό και να μένεις αδρανής και άπραγος και να στρίβεις στην γωνία μπροστά σε μία τέτοια τραγωδία. Και υπάρχουν πολλές δικαιολογίες που θα μπορούσες να μου φέρεις, στο να προσπαθήσεις να με πείσεις, ότι δεν μπορείς ή δεν μπορούσες να βοηθήσεις.

Όμως ο καρδιογνώστης Θεός, γνωρίζει τα πάντα, δεν μπορεί τίποτα, και κανείς να Του κρυφθεί, είναι όλα μα όλα γυμνά και εκτεθειμένα στα μάτια Του. Και θα ανταποδώσει στον καθένα μας, σύμφωνα με τα έργα του. Ας πράξουμε λοιπόν, όπως και ο καλός Σαμαρείτης έπραξε, γιατί έτσι θέλει ο Θεός να κάνουμε.

Μην κάνουμε το καλό, διαβάσαμε πιο πάνω μόνο στους φίλους μας και στους αδελφούς μας, ούτε μόνο σε αυτούς που μπορούν να μας ανταποδώσουν την ευεργεσία, αλλά να κάνουμε και σε αυτούς που δεν γνωρίζουμε, σε αυτούς που δεν μπορούν και δεν θα μπορέσουν ποτέ, να μας το ανταποδώσουν.

Έτσι έκανε και σε μας ο Θεός, ενώ ήμασταν ξένοι των διαθηκών και δεν ανήκαμε καν στον λαό Του, τον Ισραήλ. Ήρθε και μας βρήκε και αφιέρωσε χρόνο σε μας. Μας έδεσε τις πληγές που αυτός ο κόσμος, η αμαρτία, έκανε σε μας, γιατί στο θέλημα της, ήμασταν παραδομένοι.

Κόστισε στον καλό Σαμαρείτη αυτή η καλή του πράξη, τον χρόνο του, τα χρήματα του, τον κόπο του, γιατί αφού τον ανέβασε επάνω στο κτήνος του, τον έφερε στο πανδοχείο και τον περιποιήθηκε, έδωσε χρήματα, στον ξενοδόχο, και του είπε να τον περιποιηθεί και ότι αν δαπανήσει επιπλέον, ότι θα του το αποδώσει.

Έτσι και του Θεού, Του κόστισε κάτι, η δική μας η σωτηρία, Του κόστισε τον γιό Του, τον μονογενή, που σταυρώθηκε για τις δικές μας αμαρτίες. Και το έκανε, όταν δεν το αξίζαμε, όταν ήμασταν στην αμαρτία, όταν ακόμα δεν Τον γνωρίζαμε.

Μας έφερε στο πανδοχείο, (μας έβαλε στο σώμα του Χριστού, στην εκκλησία Του) και είπε στον ξενοδόχο, να μας περιποιηθεί (να μας ποιμάνει) και ότι αν δαπανήσει επιπλέον, Αυτός θα του το αποδώσει. Μας έδωσε λοιπόν παράδειγμα τον ίδιο Του τον εαυτό, για να κάνουμε και εμείς όμοια.

Επίλογος

Σαν επίλογο του βιβλίου, επέλεξα να σας κάνω μια ερώτηση: αν γεγονός που απεύχομαι πεθαίνατε ξαφνικά αυτή την στιγμή, πού νομίζετε ότι θα πηγαίνατε; Έχετε αναρωτηθεί ποτέ, κάτι τέτοιο;

Τι να υπάρχει άραγε μετά τον θάνατο; Υπάρχει αιώνια ζωή; Υπάρχει Παράδεισος και Κόλαση; Ή μήπως είναι όλα παραμύθια;

Αν λοιπόν δεν είστε σίγουροι, βαθιά μέσα σας, για το που πραγματικά θα πάτε, μόλις φύγετε από αυτή την ζωή, υπάρχει μόνο ένας τρόπος να μάθετε και με σιγουριά να γνωρίζετε, το πού θα πάτε.

Ο Θεός Πατέρας, ο Δημιουργός μας, όπως είδαμε ξανά, επειδή τόσο πολύ μας αγάπησε, έστειλε τον μονάκριβό Του Γιο, τον Ιησού Χριστό, να πάρει την δική μας θέση και να πληρώσει Αυτός για την τιμωρία που μας άξιζε να έχουμε λόγω των αμαρτιών μας, επειδή έπρεπε κάποιος να πληρώσει για αυτές. Αυτό έκανε από την δική Του μεριά ο Θεός.

Τώρα αυτό που πρέπει εμείς να κάνουμε, είναι πρώτα, ότι: «Εάν ομολογήσεις με το στόμα σου τον

Κύριο Ιησού, και πιστέψεις μέσα στην καρδιά σου ότι ο Θεός τον ανάστησε απ' τους νεκρούς θα σωθείς.» (προς Ρωμαίους επιστολή 10:9)

Τόσο απλά. Να σωθώ, μπορεί να αναρωτηθείτε, από τι; Η απάντηση είναι: Σωτηρία από τον αιώνιο θάνατο. Σωτηρία, από το κάθε πρόβλημά σου...

Επειδή όπως αναφέρει η Αγία Γραφή, το σώμα του ανθρώπου κάποια μέρα θα πεθάνει και θα έρθει η αποσύνθεση, θα λιώσει και δεν θα υπάρχει πλέον, η ψυχή όμως και το πνεύμα του, θα ζουν αιώνια.

Και θέλω να ξέρετε ότι υπάρχει αιώνιος Παράδεισος, όπως και αιώνια Κόλαση. Πρόγευση και από τα δύο αυτά μέρη βιώνουμε ή έχουμε γευτεί, ή βλέπουμε κοντινά μας πρόσωπα να γεύονται καθημερινά, στο διάβα αυτής της ζωής.

Απλά και μόνο παρατηρώντας τα πράγματα γύρω μας, τον πόνο, την αρρώστια, την ευτυχία, την δυστυχία, την θλίψη, τις χαρές, τους τσακωμούς, τον φόβο, την φτώχεια, την επιτυχία, την αποτυχία, την γέννηση ενός μωρού...

Ορισμένοι άνθρωποι μάλιστα ζουν καθημερινά και για πάρα πολλά χρόνια, ίσως και για ολόκληρη την ζωή τους, μια πρόγευση της Κόλασης. Δεν έχουν γευτεί ποτέ και δεν ξέρουν τι είναι καν η πρόγευση του Παραδείσου, δηλαδή η ειρήνη του Θεού, η ευτυχία, η ασφάλεια, η αγάπη του Θεού, η γαλήνη, η υγεία, η χαρά... (περισσότερα για το πώς μπορεί να αλλάξει αυτό, θα βρείτε στο επόμενο βιβλίο)

Έχοντας πάρει λοιπόν μια πρόγευση ή δει σε άλλους, του τι πραγματικά είναι ο Παράδεισος και τι είναι η Κόλαση, θα ήταν σοφό από μέρους μας, να σκεφτούμε πάρα πολύ σοβαρά όλα αυτά που διαβάσαμε μέσα σε αυτό το βιβλίο και να μην τα προσπεράσουμε.

Και να είμαστε πάντοτε εκτελεστές του Λόγου του Θεού και όχι απλά μονάχα ακροατές, εξαπατώντας τον εαυτό μας. Επίσης πρέπει να μετανοούμε καθημερινά σε ότι αμαρτάνουμε, αυτό σημαίνει άλλωστε να περπατάμε σε αγιασμό. Επειδή σε πάρα πολλές πράξεις ή σκέψεις μας, φταίμε όλοι μας καθημερινά και αμαρτάνουμε. (Ιακώβου επιστολή 1:22, 3:2)

Και: «αν πούμε ότι δεν έχουμε αμαρτία, εξαπατούμε τον εαυτό μας και η αλήθεια δεν υπάρχει μέσα μας. Αν ομολογούμε τις αμαρτίες μας, ο Θεός είναι πιστός και δίκαιος ώστε να συγχωρήσει σε μας τις αμαρτίες, και να μας καθαρίσει από κάθε αδικία.» (Α Ιωάννου επιστολή 1:8-9)

Για αυτό: «Ας απομακρυνθεί από την αδικία καθένας που ονομάζει το όνομα του Χριστού. Μάλιστα, μέσα σ' ένα μεγάλο σπίτι δεν υπάρχουν μονάχα σκεύη χρυσά και ασημένια, αλλά και ξύλινα και πήλινα και άλλα μεν για χρήση τιμητική, άλλα όμως για χρήση όχι τιμητική.

Αν, λοιπόν, κάποιος καθαρίσει τον εαυτό του απ' αυτά, θα είναι σκεύος για τιμητική χρήση, αγιασμένο, και εύχρηστο στον οικοδεσπότη, ετοιμασμένο για κάθε αγαθό έργο.» (Β Τιμοθέου επιστολή 2:19-21)

Αν κάποιος καθαρίσει τον εαυτό του, με το «νερό το καθαρό», αν κάποιος κρατήσει το σκεύος του σε αγιασμό και καθαρότητα, δηλαδή είναι εκτελεστής του Λόγου του Θεού και μετανοεί για τις αμαρτίες του, τότε και μόνο τότε θα είναι σκεύος για τιμητική χρήση, σκεύος αγιασμένο και εύχρηστο στα χέρια του Κυρίου, ετοιμασμένο για κάθε έργο αγαθό. Η απόφαση λοιπόν είναι δική μας.

Εμείς πρέπει να πάρουμε την απόφαση, αν θέλουμε πραγματικά να περάσουμε, μέσα από την στενή την πύλη που οδηγεί στην αιώνια ζωή, μαζί με τον Θεό ή αν θέλουμε να συνεχίσουμε, να ακολουθούμε, το μονοπάτι της αμαρτίας και να πάμε στο δρόμο που οδηγεί στην αιώνια απώλεια.

Επειδή μόνο όταν επιλέξουμε να ακολουθήσουμε τον Θεό και να κάνουμε το δικό Του θέλημα, μόνο τότε θα είμαστε πραγματικά σίγουροι βαθιά μέσα μας, ότι θα πάμε να ζήσουμε αιώνια στον Παράδεισο μαζί Του και μόνο τότε θα είναι ο Θεός πραγματικά μαζί μας και θα μας βεβαιώνει για αυτό.

Σχετικά για τον συγγραφέα

Για πάρα πολλά χρόνια της ζωής μου, υπήρξα άθεη. Πίστευα ότι όλα τα περί Θεού, ήταν ένα καλοστημένο παραμύθι, για τις γριούλες και τα παιδάκια, όπως συχνά έλεγα. Και επειδή είχα πιεστεί από μικρό παιδί, όσον αφορά τα της θρησκείας, δεν ήθελα ούτε να ακούω για Θεό, Χριστό και όλα τα συναφή.

Έψαχνα όμως για την αλήθεια, βέβαια οπουδήποτε αλλού, εκτός από τον Θεό. Έχω διαβάσει πάρα πολύ για πάρα πολλά θέματα και έχω ασχοληθεί με πολλά.

Μέσα σε όλη αυτή την αναζήτηση της αλήθειας λοιπόν, κάποια στιγμή της ζωής μου, ανακάλυψα ότι υπάρχει ο σατανάς, ότι υπάρχουν άνθρωποι που τον πιστεύουν και τον ακολουθούν. Και εμπειρίστικα ότι έχει όντως υπερφυσικές δυνάμεις, κάτι που μέχρι εκείνη την στιγμή, νόμιζα ότι ήταν παραμύθια.

Και είπα μέσα μου, αν υπάρχει ο σατανάς, τότε θα υπάρχει και ο Θεός και ο Ιησούς Χριστός. Άρα όλα αυτά που άκουγα ότι υπάρχει Θεός, τόσα χρόνια, είναι πράγματι αλήθεια. Δεν μπορεί να υπάρχει μόνο ο διάβολος.

Ταυτόχρονα εκείνη συγκεκριμένα την περίοδο πέρασα την πιο δύσκολη, και χειρότερη στιγμή της ζωής μου και μονάχα η αυτοκτονία φαίνονταν, σαν την μοναδική λύση. Βρισκόμουν σε ολοκληρωτική απόγνωση και αδιέξοδο.

Προσευχήθηκα στον Θεό, θυμάμαι και είπα: Θεέ μου, αν υπάρχεις πραγματικά, θα ήθελα να σε γνωρίσω. Ξέρεις ότι δεν αντέχω άλλο και ότι έχω αποφασίσει να αυτοκτονήσω, οπότε κάνε ένα θαύμα στην ζωή μου. Και Αυτός το έκανε και μου αποκάλυψε ότι υπάρχει. Το ότι ζω αυτή την στιγμή άλλωστε, είναι θαύμα του Θεού.

Από τότε άρχισα να είμαι σχολαστική μελετητής και ερευνήτρια της Αγίας Γραφής, αφιερώνοντας πάρα πολλές ώρες καθημερινά στην συγκριτική μελέτη όλων των μεταφράσεων της Αγίας Γραφής και των πρωτοτύπων κειμένων, καθώς επίσης του Ταμείου της Αγίας Γραφής, της εκκλησιαστικής ιστορίας και πάρα πολλών βιβλίων.

Από την χάρη του Θεού και το έλεος Του, με αξίωσε να μου δώσει πάρα πολλές αποκαλύψεις, μέσα από την Αγία Γραφή, που κάποιες σας έγραψα εδώ.

Επίσης σε μία από τις ιδιαίτερες προσωπικές συναντήσεις που είχα μαζί με τον Κύριο μας, τον Ιησού Χριστό, μέσα στην παρουσία Του, σε μια περίοδο νηστείας και εκζήτησης του Αγίου προσώπου Του, μου εμπιστεύθηκε το χάρισμα αυτό, του να μπορώ να συγγράφω βιβλία. Ποτέ πιο πριν δεν μπορούσα να φανταστώ, ή να κάνω κάτι τέτοιο.

Είπε ο Κύριος Ιησούς Χριστός, για τον εαυτό Του: «Εγώ γι' αυτό γεννήθηκα, και γι' αυτό ήρθα στον κόσμο, προκειμένου να δώσω μαρτυρία για την αλήθεια. Καθένας που είναι από την αλήθεια, ακούει τη φωνή Μου». Επίσης είπε για τον εαυτό Του: «Καθώς ακούω, κρίνω· και η δική Μου κρίση είναι δίκαιη· επειδή, δεν ζητάω το δικό Μου θέλημα, αλλά το θέλημα του Πατέρα (Θεού), που με απέστειλε.» (κατά Ιωάννη ευαγγέλιο 5:30, 18:37)

Καθένας λοιπόν που είναι από την αλήθεια, και ζητάει να κάνει το θέλημα του Πατέρα Θεού μέσα στην ζωή του, θα κρίνει ορθά και θα αναγνωρίσει την φωνή Του, ανάμεσα στις πολλές φωνές αυτού του κόσμου. Όταν θέλεις να είναι πρώτος στην ζωή σου, ο Θεός, και το θέλημα Του, τότε μόνο θα μπορέσεις να ξεχωρίσεις την φωνή Του, τότε μόνο θα μπορέσεις να αναγνωρίσεις την αλήθεια...

Επικοινωνία

Αν θέλετε να επικοινωνήσετε μαζί μου, για να με ερωτήσετε ίσως σε κάποια θέματα που έχετε απορίες:
Το e-mail μου είναι: koppavasiliki@gmail.com
Στο facebook έχω δύο σελίδες, με το όνομα:
Το μυστήριο της βασιλείας του Θεού (βιβλίο)
Ενωμένη Αποστολή

www.ingramcontent.com/pod-product-compliance
Lightning Source LLC
Chambersburg PA
CBHW060815050426
42449CB00008B/1666